国家出版基金项目
NATIONAL PUBLICATION FOUNDATION

中国传统村落文化抢救与研究

文化区系列

吴必虎　罗德胤　张晓虹　汤敏○主编

朱晓蕾　王福刚○编著

关东传统村落

海天出版社
·深圳·

图书在版编目（CIP）数据

关东传统村落 / 吴必虎等主编. — 深圳：海天出版社，2020.12

（中国传统村落文化抢救与研究. 文化区系列）

ISBN 978-7-5507-3000-7

Ⅰ. ①关… Ⅱ. ①吴… Ⅲ. ①村落－研究－东北地区 Ⅳ. ①K928.5

中国版本图书馆CIP数据核字(2020)第170409号

审图号：GS（2020）5315号

关东传统村落
GUANDONG CHUANTONG CUNLUO

出 品 人	聂雄前
项目策划	许全军
项目统筹	南　芳
责任编辑	南　芳
责任校对	李　想
责任技编	郑　欢
装帧设计	知行格致

出版发行	海天出版社
地　　址	深圳市彩田南路海天综合大厦（518033）
网　　址	www.htph.com.cn
订购电话	0755-83460239（邮购、团购）
设计制作	深圳市知行格致文化传播有限公司　Tel：0755-83464427
印　　刷	中华商务联合印刷（广东）有限公司
开　　本	787mm×1092mm　1/16
印　　张	15.75
字　　数	198千
版　　次	2020年12月第1版
印　　次	2020年12月第1次
定　　价	398.00元

海天版图书版权所有，侵权必究。
海天版图书凡有印装质量问题，请随时向承印厂调换。

"中国传统村落文化抢救与研究·文化区系列"
编委会

EDITORIAL COMMITTEE

丛书主编：吴必虎　罗德胤　张晓虹　汤　敏

《中国传统村落概论》

编委会主任：张宝秀、成志芬
编委会成员：朱永杰、刘剑刚、李　扬、
　　　　　　时少华、张　勃、苑焕乔、
　　　　　　周爱华
编写分工：第一章　张宝秀、成志芬
　　　　　第二章　朱永杰
　　　　　第三章　刘剑刚
　　　　　第四章　李　扬
　　　　　第五章　成志芬、苑焕乔
　　　　　第六章　张　勃、李　扬
　　　　　第七章　时少华

《中原传统村落》

编委会主任：丁　华、张　东、
　　　　　　杨　博、郭晋媛
编委会成员：杨晓俊、戴　宏、刘改芳、
　　　　　　栗晓楠、刘　晗、姚　浪、
　　　　　　李羿祥、薛艳青、戴景文、
　　　　　　蒋星怡、朱凯凯、黄静怡、
　　　　　　廖文强、张　悦、陈鑫源、
　　　　　　陈姗姗、陈添珍、高媛媛、
　　　　　　刘丽丽、易远铨、黎燕君、
　　　　　　王　坤、易　雪、萧僖雯、
　　　　　　沈思源、苏小燕

《徽州传统村落》

编委会主任：张云彬、张宏梅、王　娟
编委会成员：张　茹、沈思佳、张业臣、
　　　　　　张小军、闻　飞、方敦礼
编写分工：第一章　张云彬
　　　　　第二章　张宏梅、张云彬
　　　　　第三章　张云彬
　　　　　第四章　王　娟
　　　　　第五章　张云彬、张宏梅、
　　　　　　　　　王　娟
　　　　　第六章　张宏梅

《荆楚传统村落》

编委会主任：龚胜生、何小芊、胡　娟、
　　　　　　陈丽军
编委会成员：伍昌友、李孜沫、魏幼红、
　　　　　　张涛
编写分工：第一章　龚胜生、何小芊
　　　　　第二章　何小芊
　　　　　第三章　胡　娟、龚胜生
　　　　　第四章　胡　娟
　　　　　第五章　陈丽军
　　　　　第六章　陈丽军
　　　　　第七章　何小芊

《客家传统村落》

编委会主任：陈　川
编委会成员：萧清碧、黄宗焕、李长青、
　　　　　　何烈孝、沈　洁
编写分工：第一章　陈　川、萧清碧
　　　　　第二章　陈　川、萧清碧
　　　　　第三章　萧清碧、陈　川、
　　　　　　　　　黄宗焕、李长青
　　　　　第四章　萧清碧、陈　川、
　　　　　　　　　黄宗焕
　　　　　第五章　萧清碧、李长青、
　　　　　　　　　黄宗焕、陈　川
　　　　　第六章　陈　川、萧清碧、
　　　　　　　　　黄宗焕、何烈孝

《西南传统村落》

编委会主任：刘丹萍、高　璟、吴艳阳、
　　　　　　徐　燕
编委会成员：陈玲玲、刘博宇、郭可欣、
　　　　　　赵昱嫣、郭聪聪、方家刚、
　　　　　　宋尚周
编写分工：第一章　刘丹萍、高　璟
　　　　　第二章　刘丹萍、高　璟
　　　　　第三章　刘丹萍、高　璟
　　　　　第四章　刘丹萍、高　璟
　　　　　第五章　刘丹萍、高　璟、
　　　　　　　　　吴艳阳、徐　燕
　　　　　第六章　刘丹萍、高　璟

《关东传统村落》

编委会主任：朱晓蕾、王福刚
编委会成员：付　卉、甘　静
编写分工：第一章　付　卉、朱晓蕾
　　　　　第二章　朱晓蕾
　　　　　第三章　王福刚
　　　　　第四章　朱晓蕾
　　　　　第五章　甘　静、朱晓蕾、
　　　　　　　　　王福刚
　　　　　第六章　朱晓蕾

《吴越传统村落》

编委会主任：崔　峰、王丽娴、张光明
编委会成员：千继贤、王　瑜、朱晓庆、
　　　　　　尤　峰
编写分工：第一章　崔　峰、朱晓庆
　　　　　第二章　崔　峰、千继贤
　　　　　第三章　王丽娴、崔　峰
　　　　　第四章　王　瑜
　　　　　第五章　崔　峰、尤　峰
　　　　　第六章　张光明

《西北传统村落》

编委会主任：李 丁、苗 红、冶建明
编委会成员：韩雅敏、林 燕、孟 璐、
　　　　　　王文倩、李珍珍、黄 雪、
　　　　　　耿一睿、刘国锋、王 芸、
　　　　　　王 宁、余 洋、王 鑫
编写分工：第一章　李 丁、苗 红、
　　　　　　　　　冶建明
　　　　　第二章　李 丁
　　　　　第三章　苗 红
　　　　　第四章　冶建明
　　　　　第五章　李 丁、苗 红、
　　　　　　　　　冶建明

《滨海传统村落》

编委会主任：裴 丹
编委会成员：黄丽华、严琳霞、李丹洋、
　　　　　　尚珍宇
编写分工：第一章　裴 丹
　　　　　第二章　裴 丹
　　　　　第三章　尚珍宇、裴 丹
　　　　　第四章　李丹洋、严琳霞、
　　　　　　　　　裴 丹
　　　　　第五章　黄丽华、严琳霞、
　　　　　　　　　李丹洋、裴 丹
　　　　　第六章　严琳霞、裴 丹

《黄淮海传统村落》

编委会主任：邢慧斌
编委会成员：魏云刚、孙庆久、佟 薇、
　　　　　　吴 军、马 晓
编写分工：第一章　佟 薇、邢慧斌
　　　　　第二章　孙庆久、邢慧斌
　　　　　第三章　马 晓、邢慧斌
　　　　　第四章　魏云刚、邢慧斌
　　　　　第五章　吴 军、邢慧斌

《巴蜀传统村落》

编委会主任：刘小方、李小波
编委会成员：纪凤仪、冯祉烨、王晓文
编写分工：第一章　冯祉烨、刘小方、
　　　　　　　　　李小波
　　　　　第二章　冯祉烨
　　　　　第三章　刘小方、冯祉烨
　　　　　第四章　纪凤仪

《藏蒙传统村落》

编委会主任：朱普选
编委会成员：明庆中、梁旺兵、曾　谦、
　　　　　　琼　达、罗赞敏、黄　丽、
　　　　　　尚前浪、先　巴、秦　旭、
　　　　　　李　凡、阿荣娜、肖卫东、
　　　　　　史家铭、达　桑、慈尚普、
　　　　　　蒋其平
编写分工：第一章　朱普选
　　　　　第二章　琼　达、肖卫东、
　　　　　　　　　史家铭、达　桑、
　　　　　　　　　慈尚普、蒋其平
　　　　　第三章　罗赞敏、先　巴
　　　　　第四章　梁旺兵、秦　旭
　　　　　第五章　黄　丽
　　　　　第六章　尚前浪、李　凡、
　　　　　　　　　明庆中
　　　　　第七章　曾　谦、阿荣娜

《东南传统村落》

编委会主任：吴荣华、王国栋、郑庆之、
　　　　　　黄丽华
编委会成员：叶乃齐、冯仕晏、曾健鹏、
　　　　　　陈秋晓、邓冰蓉
编写分工：第一章　王国栋
　　　　　第二章　王国栋
　　　　　第三章　郑庆之
　　　　　第四章　吴荣华
　　　　　第五章　吴荣华、王国栋、
　　　　　　　　　黄丽华
　　　　　第六章　吴荣华、王国栋、
　　　　　　　　　黄丽华

《江淮传统村落》

吴小伟　编著

致谢

林丽琴、姜丽黎、宋尚周、谢冶凤、王梦婷、王定镇、王　琳、周爱清、陈建茂、于小强

序言
PREFACE

　　进入二十一世纪的中国，城市化进程发展十分迅速。城市化脚步之快，快过了这个社会的思考的速度。在这样一种背景下，大量的农业人口进城，大量的乡村"空心化"，伴随着相当长的一个时期内地方发展对土地财政的严重依赖，在村集体所有制的宅基地制度基础上农民对乡村规划建设的弱势地位，以及其他一些社会经济和文化原因，导致了中国传统村落大片大片消失。正如一大批分布于全国各地，从事各行各业，痛惜于传统村落的快速消亡，钟情于怀念美丽田园生活里的梦幻童年，致力于利用各种方式抢救濒于困境的故土，投身于丰富多姿的乡村文化遗产研究领域的人们一样，五六年前我们几个志同道合的小伙伴，清华大学建筑学院的罗德胤副教授，北京大学俞孔坚教授的学生、古村之友发起人汤敏硕士，浙江桐乡乌镇和北京古北水镇主理人陈向宏先生，发起成立了古村镇大会，并分别在浙江乌镇、山东滨州、北京古北水镇和山西碛口古镇，召开了四次古村镇大会。在办会过程中，几位会议创办人提起了组织编辑出版一套古村研究丛书的想法，这一想法得到了深圳海天出版社的支持，申报了"十三五"出版规划，并顺利获得批准立项。

这套丛书的框架相当庞大，初步设想包括文化区系列、物质文化系列和非物质文化系列。这么庞大的系列，组织起来难度可想而知。为了增强组织和编写力量，我们又邀请了复旦大学中国历史地理研究所所长张晓虹教授加盟。目前推出的十五册，仅是其中第一辑文化区系列。

为什么要从文化区视角组织第一辑系列丛书？这主要基于中国传统村落形成发展于中国广袤的国土、悠久的历史、多民族共融的文化视角的考虑。

从自然地理角度看，中国南北横跨热带、亚热带和温带三个气候地带，东西纵盖60多个经度，具有东部滨海平原、中部山地高原盆地、西部干旱沙漠和高寒山地高原等多种地貌形态，海拔高度又具有从海平面以下数百米到世界屋脊最高峰8848.86米的最大高差形成的垂直气候带和植被带。在这么广阔、多样的自然地理条件下形成的村落，必然呈现出世界上最为丰富的聚落景观和文化形态。

此外，动辄数千年的悠久历史和历史上波澜壮阔的人口迁移与融合，又为传统村落打上了深厚文化底蕴和丰富民族特色的烙印。

基于以上几个条件，实际上，文化区系列的传统村落，从一个较为宏观的层面，而非村落本身，更非民居建筑单体，来呈现和传承中国灿烂多姿的乡村文明画卷。

第一辑文化区系列的传统村落板块，除了第一册《中国传统村落概论》综述其概，其余十四册基本上放在特定文化区的概述、物质文化、非物质文化，以及传统村落文化保护与旅游活化这样一个基本结构内阐述。其中绝大多数分册表述的是一个较为连续的地域单元，如中原、江淮、巴蜀、客家等文化区，这些文化区虽然具有基本上一致的身份认同，但具体绘制到地图上时，并非易事。

文化区属于一种人类认知的范畴，不仅难以提出统一准确的判别标准，而且即使有一些参数可供核准，但在不同的审视者眼里得到的评价结果也会存在不同。另外，人口迁移、现代化冲击和民族融合，也客观存在着两种甚至更多的文化融合，出现了一些所谓的文化叠合区域。例如，在讨论青藏高原时，可以把青海与西藏视为一个整体区域，但实际上青海除了藏蒙文化，在接近甘肃和新疆的部分，也还有相当多的西北文化。此外，在中原文化区与黄淮海文化区之间、中原文化区与江淮文化区之间、吴越文化区与徽州文化区之间，也都存在一定程度的文化叠合现象。

一般情况下，文化区应该是连续的地域空间，但也有个别情况比较特殊，一个是藏蒙文化，它是按照藏传佛教的分布特点来组织的，藏传佛教影响区的村落或集镇，都有围绕喇嘛庙而建设的特点，它们在空间上地域非常广大。另一个是滨海文化，它是按照临海居岛的地理特点来组织的，涉及中国一万多公里的海岸线，北面涉及黄渤海，中间是东海，南部是南海，这些绵长的海岸线和有人居住的岛屿上，形成的岛居海厝不仅独具一格，而且同样彰显中国自身的海洋文化。关于这一点，过去的传统村落研究，常常并未加以足够重视。

包括传统村落在内的文化景观具有丰富的多样性，区域多样性是其突出表现之一。这套丛书力图通过对进入官方视野、获得几个部委共同颁布的传统村落体系的乡村聚落为主要探讨对象的分析，来获得社会更加广泛的注意，让更多的机构和社会各阶层关注传统村落的传承和发展，唤起更多的部门和公众研究传统村落传承和发展过程中存在的政策、法规、理念与价值冲突，共同寻求其解决之道，为中国传统村落这一特殊文化景观的保护和长期发展贡献一份自己的力量。

吴必虎

2020 年 12 月 11 日

于北京大学逸夫二楼

目录

CONTENTS

第一章 概述 001

第一节 关东文化含义与关东文化区域界定 / 003
　一、关东名称之由来 / 003
　二、关东文化含义 / 004
　三、关东地理特征 / 005

第二节 关东文化概况 / 009
　一、少数民族文化 / 009
　二、游牧文化 / 013
　三、渔猎文化 / 014
　四、农耕文化 / 016
　五、移民文化 / 019
　六、知青文化 / 026
　七、工业文化 / 027

第二章 关东传统村落的景观形成 031

第一节 边疆地理概况 / 032
　一、旧石器时代 / 034
　二、新石器时代 / 035
　三、青铜时代 / 036
　四、战国秦汉时期 / 037

五、魏晋南北朝时期 / 039

　　六、隋唐时期 / 040

　　七、辽金元时期 / 042

　　八、明清时期 / 045

第二节　独特文化 / 048

　　一、旧石器时代 / 048

　　二、新石器时代 / 054

　　三、青铜时代 / 059

　　四、战国秦汉时期 / 062

　　五、魏晋南北朝时期 / 066

　　六、隋唐时期 / 068

　　七、辽金元时期 / 068

　　八、明清时期 / 069

第三章　关东传统村落的物质文化景观　073

第一节　聚落景观 / 074

第二节　村落景观 / 088

　　一、村落布局及其影响因素 / 088

　　二、村落风格 / 091

第三节　建筑景观 / 092

　　一、建筑选址 / 093

　　二、功能布局 / 094

　　三、建筑特色 / 098

　　四、建筑材料 / 099

　　五、采暖方式 / 102

第四章 关东传统村落的非物质文化景观 105

第一节 关东传统村落的非物质文化遗产概述 / 106
　　一、国家级非物质文化遗产一览 / 106
　　二、非物质文化遗产特征 / 112

第二节 关东传统村落的传统信仰与祭祀活动 / 116
　　一、传统信仰 / 116
　　二、祭祀活动 / 127

第三节 关东传统村落的婚庆习俗与传统节庆 / 137
　　一、婚庆习俗 / 137
　　二、传统节庆 / 140

第四节 关东传统村落的典型民间文化 / 146
　　一、饮食文化中的茶酒文化 / 146
　　二、关东民间的龙文化 / 147

第五节 关东传统村落的特有民族歌舞及传统技艺 / 150
　　一、赫哲族 / 150
　　二、鄂伦春族 / 152
　　三、达斡尔族 / 155
　　四、满族 / 157
　　五、朝鲜族 / 161
　　六、鄂温克族 / 165

第五章 关东典型传统村落 169

第一节 黑龙江 / 171
　　一、大兴安岭呼玛县鸥浦乡李花站村 / 171
　　二、大兴安岭地区呼玛县鸥浦乡三合村 / 176
　　三、黑河市新生鄂伦春族乡新生村 / 181

第二节　吉林 / 187
　　一、延边朝鲜族自治州图们市月晴镇白龙村 / 187
　　二、通化市金厂镇上龙头村 / 193
　　三、农安县华家镇叶小铺村 / 198
　　四、抚松县漫江镇锦江村 / 202

第三节　辽宁 / 204
　　一、葫芦岛市绥中县李家堡乡新堡子村 / 204
　　二、葫芦岛市绥中县永安乡西沟村 / 206
　　三、朝阳市朝阳县北四家子乡唐杖子村八盘沟 / 209

第六章
关东传统村落的保护和活化 213

第一节　关东传统村落的保护现状 / 214

第二节　关东传统村落的活化案例 / 217
　　一、区域民族特性 / 219
　　二、少数民族旅游文化变迁的动力模式 / 222
　　三、少数民族区域发展体育旅游构想 / 223

参考文献 / 228

附录：关东传统村落名单 / 231

后记 / 234

第一章 概述

中国传统村落文化抢救与研究 文化区系列

Chinese Traditional Villages

现代地理分区上的关东地区主要包括黑龙江、吉林、辽宁和内蒙古四地，但关东文化却主要由黑龙江、吉林、辽宁三地文化组成，由明朝修建的山海关作为相对具体的界限。山海关既是一个地理概念，也是一个地缘文化概念。从地域层面来讲，它的两侧分别为中国华北和中国东北，山海关是连接两大区域的天然分界线，由此创造了"关内"与"关外"文化上的鲜明区分。

明朝以后，东北地区被称为"关东"。众所周知，清朝是从东北入主中原的，东北作为清朝的"龙兴之地"，得到了清政府的重视和保护，因此，"关东"文化得以繁荣和发展。随着清末民间更多的人迁入"关东"，"关东"文化成为官民的共同意识，人们对"关东文化"的认识也达成了共识。

本书所说的关东文化区，区别于现代的地理分区概念。研究关东是将"关东"作为地理分区存在，但研究"关东文化"，着重的却是黑龙江、吉林和辽宁三地文化。要了解关东地区复杂的地理关系和文化传承，必须从关东区域内的文化现象着手，那些斑驳了岁月的传统村落群就记录下了关东地区中华文化的历史沿革，了解关东传统村落有助于全面深入了解关东文化的前世今生。

第一节
关东文化含义与关东文化区域界定

一、关东名称之由来

任何一种地域文化形态的确定，首先基于人们对这种文化形成历史的了解，其次，是对其具体表现形态的探讨，而这种探讨同样也有赖于人们对该文化发展历史的把握。所以，对于关东文化的研究必须从它的形成和发展历史开始讲起。

表 1-1　关东名称之由来历史表

时期	名称由来	区域范围
春秋战国时期		战国时期，燕国在此设立明确区域范围，《史记·匈奴列传》载记甚明："自造阳至襄平，置上谷、渔阳、右北平、辽西、辽东郡以拒胡。"但并未形成明显行政区划
秦、两汉时期	《山海经·大荒北经》有关于肃慎的记载"东北海之外，大荒之中"，故称东北。	函谷关以东，包括辽西、辽东、右北平三郡，后又加苍海、乐浪等郡（基本涵盖今松花江、图们江流域），还包括今朝鲜半岛等地
魏晋南北朝		虎牢关以东区域，区域基本无明显变化
隋唐时期		中原王朝对其行政区划进一步扩展，区域由南部向北即今吉黑两省发展
元朝时期		设辽阳行省，并将关东范围进一步向北延伸
明清时期	把矗立于河北与辽宁交界处的"天下第一关"——山海关以东的地方，正式更名为关东。	长城以外，山海关以北，包括今黑、吉、辽三省

二、关东文化含义

对于关东文化的界定可以从不同角度去探讨。以一定自然地理环境下的区域性文化为首，明清以来的关东泛指山海关以外（今辽宁、吉林、黑龙江和内蒙古东部地区）。这片被称为关东的土地，它也是中华文明的发祥地之一，北方先民自远古时代以来就在这里休养生息，这是一个名副其实的多民族聚居区，肃慎、秽貊、东胡是最早见于史料记载的三大族系。

关东这个区域概念经过了千百年的发展，直到明清之际才逐渐形成今天人们熟悉的范围。[①] 在各个朝代的更迭中，长城和山海关都具有非常重要的战略意义，从战国时期燕国修长城，到秦始皇筑万里长城，再到明朝将万里长城同山海关联结起来，至此明确区分开东北地区和华北地区，东北地区成为实质意义上的"关东"，"关之东""关东"的说法在明朝官方文书中便已存在。明朝所指的"关东"，最开始只是指辽东地区，随着满族势力的逐渐兴起，山海关以外的地区被满族统一，清军入关以后，关东才被看成是一个统一整体。清朝的官方文书和官修史书中已可以明确地看到"关东"这一词的使用。在清康熙朝以后，"关东"一词在官方文书和官修史书中已很常见，乾隆朝时更是已经被广泛地使用。至晚清时期，"关东"一词已经成为民间的习惯用语，在学术著作或政论著作中也被广泛地流传使用。

丰富的生态资源和得天独厚的自然环境让关东大地得以养育自己的儿女，从旧石器时期开始，这里就为人类文明创造了曙光，一

[①] 本书中所涉及的"关东地区"非特殊说明，均指现在人们熟知的关东地区。

代代勤劳勇敢的关东人也造就了灿烂的关东文化，并且使之成为中华文明的奇葩。

三、关东地理特征

（一）关东地貌类型

关东地貌范围为大兴安岭山脊线以东、七老图山脊线以北的东北区，包括黑吉辽三省的全部，内蒙古自治区的一部分，地貌的基本轮廓为四面环山，一端临海，一端近海，内镶平原，嫩江、松花江纵横松嫩平原，东西辽河贯穿辽河平原。

根据起伏程度，关东地区有四种基本地貌类型：山地、丘陵、平原、台地，分别占21.2%、35.6%、16.1%、27.1%，即山地、丘陵约占57%，台地、平原约占43%。这个结果和《中华人民共和国地貌图集（1∶100万）》的基本地貌类型的划分结果基本上是一致的。结合海拔高度，可组合出低海拔平原、中海拔平原、低海拔台地、中海拔台地、低海拔丘陵、中海拔丘陵、低海拔山地、中海拔山地8种地貌类别。各地貌类型和地貌类别的比例因省而异。

根据坡度分析，0°—2°的区域占47%，2°—6°的区域占24%，6°—15°的区域占22%，大于15°的区域仅占7%。而坡度小于15°的低海拔区面积占比高达90%。

"低山缓丘大平原，台地面上好种田"，是关东的真实写照。关东自然景观格局以山地、平原为主，许多河流从大兴安岭、小兴安岭和长白山山脉发育形成，流经平原后，向南、向东流入大海。其中主要河流（4级以上）长度在山地为5254千米，在丘陵为5443千米，在台地为3110千米，在平原为7610千米。即河流在山地、丘陵分布的较长，在台地短些。

（二）关东气候特征

1. 气候的演变与发展

自然环境是影响人类生存和发展的重要因素。关东地区夏季炎热多雨，冬季低温少雨，气候干燥，昼夜温差大，适合植物生长，植被是典型的落叶阔叶林。

早期，关东地区以游牧民族为主。魏晋以来，中原的农耕生活方式开始融入北方游牧民族的生活，并最终成为主流文化。黑钙土为农业发展提供了良好的自然条件。

自然界的派生变化直接影响人类的生存和生产。中国近代著名气象学家竺可桢先生认为，隋唐时期，地球气候开始变暖。虽然关东地区纬度较高，但这一时期的气候也发生了不小的变化。虽然冬季在四季中仍然很长，但最初的霜冻时间、冻结时间和解冻时间都逐渐提前。

2. 自然气候的多样性

关东地区的纬度差异较大，地形起伏不定，导致了自然气候的多样性。

（1）大兴安岭东西两侧的自然条件和气候显著不同。

表1-2 大兴安岭东西两侧自然气候表

地区	地貌	气候	土壤	径流
大兴安岭以西	高原、草原	降水少气候干旱	黑钙土	地表径流少，内流区
大兴安岭以东	平原、山地	降水较多气候相对湿润	黑土、暗棕壤	地表径流丰富，外流区

（2）以彰武、康平、昌图、铁岭、抚顺和宽甸为界，南北部自然条件和气候显著不同。

表1-3 以彰武、康平、昌图、铁岭、抚顺和宽甸为界，南北部自然气候表

地区	气温	温差	土壤类型	降雨量	季风气候
该界以南	较温暖，全年气温较高	年温差较小	暖温带落叶阔叶林褐土和棕色森林土	降水较多	海洋性特征明显
该界以北	冬季漫长而寒冷，夏季短促而湿热	年温差较大	黑土	降水小于南方	大陆性特征明显

3. 气候区划特点

将关东地区划分为四个气候区，从北到南依次为 IA、IB、IC、ID 四个气候区，以下就是四个气候区不同的气候特点。

表1-4 关东气候分区特点

气候分区	冬季时长	一月均温	基本雪压	最大冻土深
IA 区	9个月以上	低于 −28℃	0.5—0.7kPa	4.0 m
IB 区	8—9个月	−28—−22℃	0.3—0.7kPa	2.0—4.0 m
IC 区	7—8个月	−22—−16℃	0.3—0.7kPa	1.5—2.5 m
ID 区	6—7个月	高于 −16℃	—	1.0—2.0 m

由上可见，气候区 IA 最为寒冷，常年冻土，积雪多；IB 区、IC 区依次略有升温，ID 区相对较暖，但依然有长达半年的寒冬。

综上所述，关东地区虽然可以划分为四个气候分区，但分区之间的差异并不明显，呈现出冬季寒冷且漫长的特点。因此，整个关东地区气候面临的主要问题是如何应对当地寒冷的冬季。

4. 自然资源

关东地区最有价值的植物资源是红松、白桦、兴安落叶松和野生人参等。

在大森林中，特别是在长白山和大兴安岭的森林中，许多稀有的鸟类和动物，如东北虎、豹、棕熊、马鹿、驯鹿、雪兔等，都在这里生活；黑龙江、松花江、乌苏里江盛产珍贵的冷水鱼类；呼伦贝尔草原、松嫩草原、科尔沁草原孕育了牛羊马等珍贵的畜牧资源。

复杂的自然条件是关东地区动植物资源丰富的主要原因之一。人类发展产生了丰富多彩的生活方式，由于生物资源的多样化，捕鱼、狩猎、农耕和游牧多种不同的经济形式和生产方式相继发展、相互依存，已成为关东地区经济特色。

第二节
关东文化概况

一、少数民族文化

关东地区地广人稀，多寒多风，残酷的地理环境造就了关东地区先民坚毅的性格和强大的生存能力，他们不仅适应了这里的气候，还创造出了独具特色的文化体系。除了汉族以外，关东地区的先民，主要是由属于肃慎系的肃慎、挹娄、勿吉、靺鞨、女真、满族，属于东胡系的东胡、乌桓、鲜卑、室韦、契丹、库莫奚、蒙古，属于秽貊系的夫馀、高句丽等少数民族组成。

关东各少数民族从中原文化中汲取营养与精华的同时，也对中原的各民族文化创造产生了影响。以金朝为例，女真族的服饰发饰在当时盛行于中原地区；南宋时期，在市场上可以买到具有女真族特色的裘衣、兽皮帽等物。女真式的白凉衫在许多汉族士大夫中颇为流行，他们以此为时尚，更有甚者"身披虏服而敢执事禁庭"。同一时期，南宋也受到女真族音乐的影响，乐器中已经出现了演奏女真音乐所需的番鼓和葫芦笛。在历史的长期演变过程中，关东的各民族都开创了属于自己的独特的文化体系，同时各民族间相互学习，他们共同塑造了以渔猎文化为主、游牧文化与农耕文化并存的关东文化。关东文化质朴刚劲、豪迈粗犷，具有勃勃生机，长久以来，它以自身的文化魅力与文化特色使中华民族文化愈加丰富多彩，为中华文明注入新鲜的血液，提供了活力与生机。

（一）勇敢的性格

关东地区东濒大海，境内山川纵贯，气候寒冷。受限于严酷的自然条件，在古代人们只能以渔猎和游牧为生，然而频发的自然灾害却经常给当地居民造成毁灭性的打击。在漫长的岁月里，关东各民族凭借着坚强的意志和极大的耐力与自然作斗争，逐渐形成了剽悍的民族性格。

关东地区民族性格的形成也与当地诸民族之间的斗争，以及游牧民族和中原民族之间的斗争有着极大关系。在古代，契丹族、女真族、蒙古族、满族等民族不仅在关东地区建立起自己的统治，还凭借军事斗争走向中原，进而在全国范围内建立了强大的政权。这种长期而激烈的军事斗争对培养剽悍气质起了重要的促进作用。

在地理环境与战争环境两种因素的推动下，古代关东民族形成了剽悍骁勇、吃苦耐劳、不畏艰险的精神风貌。

（二）特殊的习俗

髡发是关东少数民族古已有之的习俗之一，这种习俗与他们的生活方式和民族性格密不可分。所谓髡发，是指剃去颅顶及两侧头发而只留脑后发，并将之编结成辫，女子往往将辫发盘于头顶，男子往往将辫发垂于脑后。女真族继承了这一习俗并进而影响到与之混居的汉族，宋人范成大在《揽辔录》中记载道："民亦久习胡俗，态度嗜好与之俱化。男子髡顶，月辄三四髡，不然亦间养余发，作椎髻于顶上，包以罗巾，号曰蹋鸱，可支数月或几年。"对于关东少数民族而言，由于游牧和渔猎的需要，通常需要翻山越岭，穿越林海，驰骋江河，满头长发显然不适应游牧渔猎的生活。为了在与野兽的搏击中获胜，也为了获得更多的生活资料来维持生存，髡发就成了他们必选的发式。从这种意义上说，髡发也算是关东民族悍勇性格在生活习俗上的一种体现。

（三）进取的民族精神

历史上关东地区的许多民族建立过属于自己的政权，值得一提的是，有两个民族建立了统一中原的王朝：蒙古族与满族，特别是满族自进关之后，一直把关东当作宝地，即所谓的"龙兴之地"。

关东民族政权的建立过程都经历了一个由弱到强的转变。这些民族在弱小时敢于奋起反抗，在逐渐强大时也不故步自封，不断用新的目标激励自己。关东民族得以大范围、长时间地屡屡建立政权，在中华民族的发展史上留下了浓墨重彩的一笔，正是得益于这种积极进取的民族精神。

（四）开放的民族文化体系

受限于诸多因素，古代关东地区的经济文化发展水平往往落后于中原地区。因此，无论是出于对中原文化的向往抑或是自身生存和发展的需要，都必须经常向中原民族学习。在长期、频繁的交往中，关东各民族创造的文化与中原文化得以相互交融，相得益彰。例如，"海东盛国"——渤海国的文化分外引人注目。为了学习唐朝的先进文化，历代诸王不断派遣贵族子弟到京师长安太学学习古今制度。渤海国多次派人入唐求写经史典籍以适应治国施政及办学兴教的需要。同时，进入中原的渤海国使臣、学生、官员、僧侣等各色人群也都扮演起了文化交流使者的角色，与中原的学者、诗人等进行广泛而深入的接触、结交。

1. 完善民族文字

古代关东地区一些民族发明和完善本族文字，一般是通过向汉民族及其他民族学习来完成的。在辽太祖耶律阿保机之前，契丹人"本无文记，惟刻木为信"。后来在辽太祖神册五年（920）才制成了契丹大字。根据学者们的研究，契丹大字是由汉字加以简化或增添后制成的，而在天赞年间制成的契丹小字也是受到汉字的影响。

女真文字的发明也是受汉字影响的结果，据《金史》记载，"女直初无文字，及破辽，获契丹、汉人，始通契丹、汉字"。在了解了汉字的情况之后，"太祖命希尹撰本国字，备制度。希尹乃依仿汉人楷字，因契丹字制度，合本国语，制女直字"。

时至今日，关东地区语言文字保护工作正在进行，特别要提出的是满语的保护。满语是北方少数民族语言的基础语言，北方少数民族都属于通古斯语系，鄂温克族、锡伯族的语言都是满语体系中的分支。满语现在也影响着关东人的日常语言。例如，"脯了盖"（膝盖）、"萨其马"（小点心）、"卡秃噜皮"（受伤）等均为满语发音并且影响着关东语言体系，但现今用满语交流的，全国不超过10人，因此满语的保护工作势在必行。

2. 引进儒学书籍

女真人建立金朝后，出于提高文化修养和思想水平的需要，大力引进儒学书籍，金世宗高度重视儒学书籍的翻译和刻印，而这一工作更是在金章宗时期达到了高潮。与此同时，金世宗、金章宗还非常重视女真贵族的儒学经典教育。大定二十三年（1183），金世宗"以女直字《孝经》千部付点检司分赐护卫亲军"。金章宗继位后，又"诏亲军三十五岁以下令习《孝经》《论语》"。这些举措开阔了女真人的文化视野，加速了女真人的汉化进程，大批具有深厚儒学修养的学者和具有杰出治理才能的政治家得以涌现，极大地推动了金代中期女真政治、经济和文化的发展。

二、游牧文化

在古代中国，长城以南的农业经济与长城以北的游牧经济在长城内外不断碰撞融合。长城以北的地理和气候条件很差。这里的游牧民族只能靠水草生活。由于生活的不稳定，他们期待摆脱界限，渴望先进的文化和技术。正是由于这个原因，他们在历史上不断向南推进，积极吸收农业文化，学习农业知识。在这个过程中，北方人民的经济和文化不断发展，使民族融合的进程加速，分裂局面得以结束，完成了统一大业，从而建立一个个强大的政权。

游牧文化以其独特的生存特征和文化特征，成为中华民族历史文化中一颗璀璨的明珠。

北方游牧文化的传播与草原丝绸之路密不可分。草原丝绸之路形成于公元前5世纪前后，从文献记载来看，草原丝绸之路的开拓与游牧民族的迁移和战争有关。而草原上东西文化的交流，主要是友好往来。中原文化通过丝绸之路和草原丝绸之路传到西方去，西方文化也通过这两条路传到中原来。可分为南北两线，北道开始于北匈奴西迁之时，东起于西伯利亚高原，经蒙古高原向西，再经咸海、里海、黑海，直达东欧……更广泛地说，草原丝绸之路是东起大海，横跨欧亚草原的通道，其纵横交错的岔口，又可南达中原地区，北与蒙古和西伯利亚连接。[①]夏商周至汉代，通过草原丝绸之路的文化交流，北方游牧文化中具有鲜明草原特征的动物纹饰艺术、特色的养马驯马的"马术"等文化得以被广泛传播。

三、渔猎文化

关东地区渔猎文化的典型代表是赫哲族，她的古老文明可以追溯到新石器时代。

赫哲族渔民对于各种鱼的生活习性和捕鱼场所都了如指掌，他们在长期劳动实践中积累了丰富的捕鱼经验。他们根据不同季节不同种类的鱼类的活动规律进行捕捉，主要在春、秋、冬三个季节进行捕捞生产。

春季鱼汛会持续一个多月，从"谷雨"至"小满"，正是捕鱼旺季，捕获的主要是吃活食、小鱼的杂鱼类。"小暑"后进入夏季，渔民们普遍都不再捕鱼。过去是因为夏天水热，棉、麻所制的网线、钩线容易腐烂，而现在主要是因为政府规定了禁捕期，以此保护水产资源。渔民利用这个渔闲期，修理捕鱼的工具。秋季鱼汛也会持续一个多月的时间，是从"白露"开始的，这个季节主要捕捞大马哈鱼、鲟鱼和鳇鱼。在秋季，鱼会从各河中顺流而下，

---

① 内蒙古将保护草原丝绸之路及万里茶道沿线文物[N].内蒙古晨报，2015-01-26.

到江水深处聚集准备过冬，渔民便趁机加紧捕捉。冬季捕鱼，一般在 11 月中旬封江之后进行，大多用大拉网进行捕鱼。渔民还会在鱼类常游动的地方凿冰眼，并在鱼钩上面坠一金属片，来引诱大鱼上钩。

赫哲族常用的渔具有四种：渔网、鱼钩、叉和船。据说，最初使用的网是由柳树皮和野生植物纤维制作而成。后来麻绳取代了野生植物编织的网，但很快麻网就被棉网所取代，直到二十世纪五六十年代尼龙被用来织网。尼龙具有很强的拉力和耐腐蚀性，制作的渔网更加结实耐用。随着各民族的技术交流，渔网制作得以逐步完善。对赫哲族来说，鱼钩是较早使用的渔具之一。据说最早的钩子是木柄钩子，由木棍演变而来，后来被动物骨头制成的钩子所取代。渔具种类的增加是由于铁器的出现。民国时期，一种叫"快钩"的工具从汉族（山东省）流传下来，快钩也叫"滚钩"，自此成为赫哲族的主要渔具之一。鱼叉也是赫哲族古老的捕鱼工具之一，这是一种从棍棒直接过渡而来的工具，与鱼钩有着天壤之别。赫哲族的叉鱼技术相当娴熟，可以根据水纹的波浪形态来确定鱼的位置。渔船有独木舟、桦皮船、三页板船、花鞋船、快马子船、丝挂子船等。其中，独木舟是最古老的渔船，桦皮船则最具特色。随着赫哲族渔业生产力发展水平的不断提高，逐渐进入以机械力为动力、大规模捕鱼的新时代，赫哲族经常使用装有内燃发动机的木船或汽船从事捕鱼生产。

赫哲族的传统渔业生产是一种以猎取自然资源为主旨的自给自足经济，捕鱼场所的非排他性和捕鱼工具的私人占有，决定了赫哲族传统渔业生产的组织形式和产品分配方式，进而形成了渔业生产中各种约定俗成的禁忌习俗。

赫哲族传统渔业生产组织形式，包括个体捕鱼和集体捕鱼。由于赫哲族家庭都有一定数量的捕鱼工具，以家庭为单位捕鱼是渔业生产最普遍的生产组织形式。集体捕鱼时，推举一位德高望重、年长辈尊、有生产经验的人做"劳德玛发"（工头），由他安排捕鱼期间的生产生活。[1]

在捕鱼的过程中有一些禁忌，例如，所有的渔民不允许说奇怪的话和大话，以防止冒犯河神；孕妇或月经期间的妇女不允许到渔船或渔场参与捕捞；参加捕鱼的人，如果家中有人死去，到渔场后在网滩上架起一堆篝火，让他跨过去等。这些习俗说明，在关东地区依旧保留着原始的宗教信仰和对自然的敬畏，这也同样是当地具有萨满文化影响民俗的体现。

四、农耕文化

关东地区社会文化的主体部分是农耕文化与山林文化，关东地区地理与气候状况的差异是这两种文化形成的关键因素。在生产方面，由于降雨量较少，关东大部分地区为旱地农业，作物种类和耕作制度繁多，中国最大的大豆、棉花、杂粮和小麦等生产区在这里，同时亚麻、花生、甜菜、芝麻等经济作物的主要生产地也在这里；在畜力的使用方面，农民大多运用马、牛等牲畜进行耕作，从而节约人的劳动力，达到精耕细作的目的；在灌溉方面，随着先进的设施慢慢遍及生产中，除引水灌溉之外，当地农民经常使用提水灌溉，

---

[1] 韩光明.浅谈赫哲族的渔业民俗[J].黑龙江民族丛刊，2012（5）：140-143.

先有辘轳，后有水车，沿河、湖之地还有戽斗，其中辘轳使用最为广泛。

（一）农耕文化中的宗教观念

约在六七千年以前，关东地区就已经出现了原始农业。原始农业时期，灵魂不灭的宗教观念已经普遍存在于关东民众之中。当时民众普遍信仰"地母"，并在方形祭台上加以祭祀，祈求农业生产的丰收是祭祀的主要目的。因而可知，在原始社会时期，关东民众已经初步具有了土地神的意识。汉代时民间私社开始兴起，乡村自此有了自己的地方保护神，到了明清时期民众所在村落的土地神寺庙遍布全国。魏晋时期，关东农耕区域"在南部——主要是辽河流域，各族的宗教以佛教为主"。由此可知，原始的土地神已经被传入关东的佛教替代。隋唐时期，土地信仰中又涵括了道教和儒家的思想。从当时民众对待土地神的态度来看，土地神不仅是民众的保护神，还是他们的社会道德规则的制约者。道教和儒家在土地神的问题上，不仅出现了短暂的融合现象，而且对民众也产生深远的影响力。直到辽代，由于在关东地区道教开始流行起来，道教逐渐地影响了农业社会的土地神，民众渐渐将土地神划归至道教神列中从而进行供奉祭拜。金末元初时，社会动荡，民不聊生，畜牧经济严重打击了关东地区的农耕经济，直到元朝建立并统一后，辽东地区乃至整个关东地区的农业才得以复苏并恢复发展。明朝时期以后，经济得到了充分的发展，辽东地区水路运输与陆路交通体系也逐渐完善，土地信仰最终以道教和儒家为主体确立下来。由于农耕文化体系下产生的土地信仰一直存在于乡村之中，并非正统宗教，没有参与过正统宗教的竞争，即使近代清末时期天主教传入关东地区，土地信仰也未受到过冲击。因此，土地神仍然是乡村民众心中重要的保护神。

（二）回屯与农耕文化

京旗回屯是一种政府引导、组织、强制推行的移民政策，旨在将北京闲散旗人移回至关东屯田。京旗回屯政策订立的根本原因是为了解决八旗子弟的生计问题。清朝入主中原以后，为了保持强大的军事力量，同时维持自己在汉族地区的统治，于是规定旗人完全以军事为业，其生活所需完全由国家供给。经过几十年休养生息，八旗人口迅速增加，闲散人口的大量增加加重了国家供养负担，为此，清政府采取了回屯的措施来解决八旗子弟的生计问题。

八旗子弟或自行耕种或雇用帮工，一定程度上解决了自身的生计问题，而这些八旗子弟以及他们所雇的雇工帮农的聚集地则逐渐形成了八旗村屯。其间虽然有许多其他民族进入居住，但满族的人口比例仍然较高，这就意味着由满族主导的社会结构得到了延续。由此可见，京旗回屯这一制度促进了这一地区的快速开发与农耕文化的发展。

虽然清政府给予了优厚的待遇，但是由于京旗子弟长期不事农耕，只依靠国家供养，自身的劳动能力和生存技能十分欠缺，所以，大部分回屯的人在关东仍然过得十分贫困。出现了"大荒之中破屋数间，门外雪深尺许，京旗男妇率多褴褛环跪道旁，称京旗丁众蒙皇上眷养深恩，移驻双城堡，拨给地亩、房间、牛犁、籽种至为周备，奈丁众无能，不谙耕作，二十年来渐至穷乏，恳求代奏，欲恳天恩，以全蚁命"[①]的现象。该政策并没有达到预期的效果也没有解决八旗子弟生计问题，从这个角度上来说，回屯的政策是失败的，在清朝的政策下关东地区并没有得到很好的开发。

（三）移民对关东地区农耕文化的贡献

大量民众涌入关东地区，促进了关东地区的农耕发展，这一过程主要表现在两个方面。

一方面，大量人口的涌入导致了更多的土地需求，闯关东者不得不私自开垦土地以满足自己的基本生活需要，这从客观上促进了关东地区土地资源的开发和利用。另一方面，山东等地的移民带来了先进的农业耕作方式和生产技术。关东一带地广人稀、土地肥沃，即便采用落后的生产方式也会有很可观的粮食产量，因此，当地居民一般采取原始且落后的耕作方式，既不进行除草也不怎么管理，肥沃的土地种过几年之后就要被抛荒，山东等地的移民采取轮耕轮作的方法，既提高了土地利用率，又提高了粮食产量，到清朝后期黑龙江农耕地区生产力状况即为"壮健单夫治二三垧地，供八口家食，绰有余裕"。

五、移民文化

多地域人口汇集是关东文化的特点之一。不仅多民族共居于关

[①] 中国第一历史档案馆藏军机处汉文录副奏折农业农垦耕种类 232 卷。

东地区，也有来自各地的人生活于此，这在中国其他边境地区是极其罕见的。

（一）山东移民

汉族人民迁往关东的历史虽然悠久，但大规模的迁徙却是在清朝以后。在清朝以前，汉人的迁移方向主要是由北向南，由南向北迁移的人实为少数。同时，由于战乱和游牧民族的压迫威胁，即使有汉人迁到了关东地区也只能不断地再迁徙，大多数又回到了中原。直至清军入关后，迁往关东的汉人才逐渐增多了起来，后来经过自清朝末年开始的"闯关东"，汉族人民才在真正意义上成为关东地区的民族主体。

在关内移民的群体中，山东移民占据了相当大的比重。根据由中共山东省委宣传部和山东省社会科学界联合会在济南共同举办的山东人"闯关东"文化现象学术研讨会成果来看，来自山东社会科学院、山东大学、山东经济学院、山东艺术学院、山东省委讲师团的专家学者认为，山东人向东北三省移民，从明代及以前就有历史记载。清朝初年以来，出现了多次大规模移民，并一直延续到中华人民共和国成立以后。前后数百年，山东先后向东北移民数千万人，东北三省的人口中，按祖籍论有70%—80%为山东人。

1. 明朝与明朝之前关东地区的山东移民

先秦时期，中原和关东地区的人口交流相对而言是较少的，但在辽金时期则有过几次较大规模的人口迁徙。公元926年，耶律阿保机率领的辽军攻破渤海国，渤海国产生了人口的迁徙和逃亡。公元1127年，开封被金军攻破，宋徽宗、宋钦宗两位皇帝及皇族、大臣、嫔妃共三千余人被押解北上，两位皇帝被囚禁在五国城（今黑龙江依兰县境内）。金政权在对辽、宋用兵过程中，曾将中原地区汉人及辽本土的契丹人大量迁往黑龙江地区，谓之"实内地"。[①]黑龙江地区的汉人有了较快的增长。元、明时期也有少量汉人迁入，这使得汉族人口在关东地区的比例有所上升，但这一阶段移入关东地区的人口主要是以因罪遭流放的客籍流人为主。这些人数量虽然不多但颇具代表性，资料显示：明景泰元年（1450）六月，山东莱阳民十余人，以捉其知县牛俊赴京告状，又分其财物，辱其妻妾，均被谪戍铁岭卫；天顺八年（1464）九月，山东青州卫指挥康荣，以"故勘平人致死"谪戍辽东边卫；成化二年（1466）七月，山东都指挥佥事钱能，以守备偏头关失机，致"虏入黄甫川"杀掠，谪戍辽东边卫；成化八年（1472）七月，山东滕县民韩能，以"造妖言惑人"，事发，充辽东三万卫军；成化二十年（1484）五月，山东县民李安，由于"为人净身"被发铁岭卫军。[②]综上所述，在这一时期内，关东地区的山东移民出现了大量的流放之人。

2. 清朝关东地区的山东移民

到了清朝，关东地区的山东移民人数虽然开始显著增加，但当时的移民趋势仍有差异。从清政府对移民的态度来看，大致可以分为三个阶段。第一阶段是最初的招人复垦政策。清朝定鼎北京之初，顺治元年（1644）至康熙六年（1667），对辽东移民实行奖励

[①] 干志耿，孙秀仁.黑龙江古代民族史纲[M].哈尔滨：黑龙江人民出版社，2010.
[②] 李兴盛.东北流人史[M].哈尔滨：黑龙江人民出版社，1990.

政策。在此政策推动下，山东移民自发进入关东或"泛海"或"海关"区域。第二阶段是中期禁止政策。康熙七年（1668），清廷下令"辽东招民授官，永著停止"，对关东实行禁封政策。从康熙七年（1668）到咸丰年间，清政府在关东地区全面实施了禁令，禁止汉人从山东等内陆地区进入，保护"龙兴之地"和林区的自然资源。但是，这项法令没有发挥实质性作用。上述地方的贫农为了生存，不得不无视清政府的禁令，从古北口、喜峰口进入关东，还有人从天津、登州泛海进入关东。第三阶段是清末禁垦政策和边疆政策刺激和加速移民进程。从咸丰十年（1860）到宣统三年（1911）元月，清朝社会困难重重，大量民众为了生存涌入关东地区。

3. 民国时期关东地区的山东移民

在清末封禁令废除以后，虽然从关内来到关东地区的移民数目持续增加，但是关东地区仍然处于地广人稀的状态，荒地大量存在。随着辛亥革命的爆发，清王朝的统治被彻底推翻，原有的封禁政策被彻底地废除，关东地区的移民进入了一个新兴阶段。在关东地区移民数量中所占比例最多的是山东籍，移民数量为742000人，其次是河北籍移民176000人，再次是河南籍移民116000人。[①] 据1926年南开大学经济研究院对关东地区的山东籍1149户移民进行调查的数据显示，山东移民离开家乡有很多原因，主要是因为生活困难。

---

① 张善余. 中国人口地理[M]. 北京：科学出版社，2003.

表1-5　1929年在关东和南满铁路区域内中国劳工的原籍对比[①]

原籍省份	制造工业		矿业		苦力	
	人数	百分比	人数	百分比	人数	百分比
东三省	19976	47.4	10854	20.4	128	1.6
山东	17441	41.4	28769	54.2	7311	90.4
河北	4512	10.7	12783	24.1	525	6.5
其他	247	0.5	690	1.3	123	1.5
总计	42176	100.0	53096	100.0	8087	100.0

民国时期山东移民关东的人数究竟有多少，我们没有办法得到确切的数据。陈彩章先生所著的《中国历代人口变迁之研究》一书中讲到"大概移往东三省之人口，百分之八十为山东人，次之为河北及河南人"。那么，根据陈先生所讲的比例，结合路遇先生参照夏禹勋、张其春所译的《日人眼中之东北经济》，以及民国时期《满洲矿山劳动概况调查报告》《满洲矿工年鉴》等有关资料，再结合在调查中实地考察所得资料，可以大致地推算出民国时期关东地区山东移民的人数以及回返、留住人数。在关东地区移民数量中所占比例最多的是山东籍移民，其次是河北籍移民，之后才是河南籍移民。这些数字不仅反映了当时关东地区的人口变化，结合历史分析，我们还可以判断山东移民的迁入对于关东地区人口组成带来了巨大的变动。

总体说来，在这一时期内，关东地区移民人口数的最大占比始终是山东移民。

---

① 何廉.东三省之内地移民研究[J].经济统计季刊，1932.

4. 民国后期关东地区的山东移民

自 1943 年以后，新的移民趋势在关东地区又出现了，定居在关东地区的山东籍移民数目不断下降，甚至在 1947 年至 1949 年期间，出现了反向回乡的趋势。综合分析，应该有以下几条原因：第一，在 1945 年后，山东解放区的面积不断扩大，在解放区内也相继开展了土地改革，尤其是在 1948 年和 1949 年两年间在山东省进行的土地改革，使得贫农的地位有了极大提高，所以出现了回乡人数多于迁出人数的状况；第二，非战争年代，移民不再挣扎在死亡线上，关东地区的农业局限性就开始逐步显现出来，关东地区的农民生活水平没有得到显著提高，甚至有的生活质量还不如在山东老家，再加之水土问题，有的人吃不惯关东的棒子面和高粱米，因此出现了返迁多于移出的现象；第三，根据历史分析，大规模的战争或灾害过后，通常出来避灾的百姓会选择回到家乡，重建家园。

5. 中华人民共和国成立后的山东移民

中华人民共和国成立后，由于中央政府实行计划经济体制和强有力的政策干预，以及与之相对应的户籍管理制度，移民迁徙的主要原因就是国家政府的计划性迁移。其中，很重要的是关东地区政策鼓励接受移民，特别是黑龙江省从 1955 年开始成立专门的移民委员会接受山东集体移民，几年内累计达到 338944 人，占黑龙江地区移民总数的 89%。同时因为两地在之前几个时期的历史渊源，山东人以亲属、老乡、熟人等关系链条，也有部分人主动进入关东工作，例如在 1950 年 8 月和 1953 年 3 月，分别安置了原属山东地区的移民和流民多达数万人，在关东地区，参加生产建设或寻找合适的工作岗位。除了以上因素之外，十万官兵转战北大荒，也为黑龙江的三江平原开发作出了非常重要的贡献（这其中不乏山东籍官兵）。从新中国成立至20世纪70年代末，山东省累计迁出人口430万人，80年代转为净迁入，至1989年净迁入达122万人。①

因此，从这个阶段来看，关东经济和文化的整体格局，甚至整个关东地区发展都受境内山东籍移民数目变化的影响。

（二）俄罗斯移民

俄罗斯移民来到中国关东地区主要集中在两个阶段：其一是俄国十月革命以前，以19世纪末20世纪初中东铁路的修建为分水岭，前期俄罗斯移民主要居住在黑龙江、乌苏里江左岸，其目的也大多带有军事性和政治性，主要是巩固侵略成果；后期则是以此为基础，逐渐向关东腹地渗透。其二则是十月革命之后由不甘心革命失败的俄国资产家和贵族组成的"白俄人"群体移居，他们中的大多数则选择了来到哈尔滨定居。

据统计，1882—1901年，远东地区共迁来99773人，②较之前几年有了极大的增长。1917年，俄国十月革命胜利，无产阶级因而登上历史舞台，资产阶级以及沙俄贵族、官吏不甘心失败，组建临时政府，发动了持续几年的内战，直至1922年，苏维埃政府已取得全面胜利。俄国资产阶级临时政府下令让所属军队向中、朝边境附近撤退，其中一部分人通过陆路来到了哈尔滨，这些人对苏维埃政权持反对态度，他们逃离俄罗斯，没有苏联国籍和苏联护照，也被称

---

① 李德滨，石方. 黑龙江移民概要[M]. 哈尔滨：黑龙江人民出版社，1987.
② 胡成健，彭德彬. 浅谈俄罗斯远东地区移民政策及其影响[J]. 赤子，2014（20）：13.

为"白俄人"。资料统计，20世纪20年代，居住在哈尔滨的"白俄人"数量达到了20万。

六、知青文化

所谓"黑土知青文化"指的就是北大荒知青文化。上山下乡运动最早可以追溯到1955年，以杨华为首的60名北京青年组成了青年志愿垦荒队，远赴关东的北大荒去垦荒。仅1969年1月和2月就有155.6万人上山下乡插队落户。到年底，全国共有267.38万人上山下乡，加上1967年、1968年下乡人数，总数达到467万多人。在上山下乡的特殊历史时期，54万城市的知识青年陆续来到关东这片黑土地上，这批知识青年中有知识广博的学者、有学校的文艺爱好者，他们由于时代的大形势来到了这片白山黑水，寒冷恶劣的自然条件没有阻挡他们创作的脚步，反倒成了他们新的素材，帮助他们创作了更多的艺术作品。

北大荒知青中涌现出了一批包括张抗抗、梁晓声、肖复兴在内的才华横溢的文学艺术创作者。在北大荒的八年里，张抗抗曾扛过锄头种过菜，伐过树木压过瓦，搞过科研，当过通讯员，北大荒热烈而有激情的生活感染触动了她，为她的艺术创作提供了丰富鲜活的素材。她的第一部短篇小说《灯》于1972年发表，反映边疆农场建设和知青生活的长篇小说《分界线》也于1975年出版。

可以说，关东地区的知青文化有着与全国其他地方的知青文化一样的特点，但又有着明显的地域特色，大荒原、大机械、大生产的北大荒特色成为许多著名作品创作的源泉，促使一个个知青创作出属于北大荒地区特有的知青文化，关东地区许多村庄都成为知青村。

七、工业文化

关东地区是如何成为重工业基地的呢？让我们回顾一下：新中国成立以后实行了优先发展重工业的战略，期待早日实现国家工业化的进程。关东凭借着丰富的自然资源条件、优秀良好的基础经济和工业基础，依托背靠苏联、毗邻朝鲜的战略位置成为新中国最重要的工业基地。在关东地区优先发展重工业战略的初衷是：关东地区能够"出人才、出机器、出干部"，同时可以大力支援全国各地。

经过新中国成立后的恢复时期和"一五"时期的大力建设，安排在关东地区的56项苏联援建重点工程项目、限额以上项目和地方建设项目的多项配套工程均陆续开始施工，到1957年关东地区基本已成为特色鲜明的重工业基地。

关东地区先后建立以黑龙江省齐齐哈尔富拉尔基区第一重型机器厂为中心的机械加工城，哈尔滨的机电企业群，以长春第一汽车制造厂为核心的长春汽车城，还有鞍山钢都、沈阳飞机城等。其间，在基本建设投资和科技人才等方面，国家对关东地区给予了大力支持。与此同时，关东地区的钢铁、石油、煤炭、木材、汽车、机床及其他重型装备等也源源不断地支援着全国各地的工业建设。

那时的关东真正担负起了建设一线工业基地的重任，源源不断地往全国输送大批的机器、设备和人才。在特色鲜明的计划经济体制下，在工业化的加速推进过程中，关东创业文化得以形成，成为引领一时的文化旗帜。例如,可歌可泣的"大庆精神""铁人精神"就是在当时号称"工业战线旗帜"的大庆油田,在全体工人的努力下创造的。这种精神进一步发展为全国范围的"为国争光、为民族争气"的爱国主义精神;独立自主、自力更生的艰苦创业精神;讲究科学、"三老四严"的求实精神;胸怀全局、为国分忧的奉献精神。此外,还有战天斗地的"北大荒"精神,中华民族的优良传统和中国工人阶级的优秀品质在这里得以体现,并且成为中华民族精神宝库的重要组成部分。在整个计划经济时期,无论是思想层面还是科学与技术层面,关东民众都表现出巨大的文化创造力,广为传颂的"五三经验""鞍钢宪法"就是当时关东地区工人的首创。

自新中国成立后,工人阶级所表现出的顾大局、听指挥、组织性纪律性强、先公后私、公而忘私的精神一直被延续下去,但由新中国成立初期"大生产"所引发的问题也较为突出,例如"大锅饭"体制下习惯听从组织安排,缺乏自主、独立意识导致难以走进市场经济;思想过于保守,竞争性欠缺,没有冒险精神,缺乏创新意识等。上述诸多问题使关东地区难以适应日趋激烈的市场竞争,因此也引发了许多矛盾。

由上文可以看出,关东文化有着比较深厚的文化土壤和深远的影响。

首先,在物质文化方面,明清时期,生产结构由农业、渔猎、采集、游牧并存转变为以农业为主。自清朝末年开始,大量汉人的出现进一步使农业生产成为整个社会经济的基础。农业生产、土地开发和工商业的发展,促进了关东地区一批现代化城镇的建设。

其次,在制度文化方面,明清以来形成的关东文化并不存在于其独立的制度文化之下。由于关东文化一直处于中央政治体制的控制之下，中央政府在关东地区实施的各种制度一直制约着关东文化的形成。禁地政策是清廷在关东地区实施的一系列失误战略，限制了关东文化的形成和发展。在此期间，关东文化的定型与中央政治制度的变化密切相关。具体表现为：清末新政的实施和行政体制的改革；解除禁令政策和实施移民边境政策；州和县的环境越来越完善。大量县市的加入，不仅加强了关东地区与中原地区的密切联系，而且进一步促进了关东土地的复垦、人口的增长和城中村的兴起。

再次，在精神文化和行为文化方面，关东文化与中原文化、关内其他文化的区别主要在于关东人的性格特点，他们大胆、大方、朴实、包容，很少排外。这种特征是关东地区各民族的融合和儒家文化的碰撞、融合所形成的。日本、蒙古、朝鲜、俄罗斯的各种文化都在这里融合，中国文化也开始从这里传播到周边国家。

关东文化是中国文化的重要组成部分，但是其种种文化特征也反映了部分内容被弱化的现状。所以，现在加强关东文化的研究，对于进一步了解和理解关东地区独特的文化特征至关重要，有利于增强关东地区之间的文化交流。

中国传统村落
文化抢救与研究
文化区系列

Chinese Traditional Villages
村落

第二章

关东传统村落的
景观形成

第一节
边疆地理概况

关东地区山环水绕，沃野千里，海拔均在3000米以下的大、小兴安岭和长白山围拢整个东北平原，平原海拔较低，大多在200米以下。东北平原由三江平原、松嫩平原、辽河平原组成，地跨黑龙江、吉林、辽宁和内蒙古四个省区，北起嫩江，南临渤海，黑龙江、松花江、乌苏里江、辽河又环绕其间，平原南北长约1000千米，东西宽约400千米，面积达35万平方千米，是中国第一大平原。整个关东地区地势外高内低，由西北向东南倾斜，呈"马蹄形"，这样的自然环境使得整个关东地区极易产生和形成大规模农业聚落，从而形成大型的村落景观。本章主要探讨的就是这一村落景观的形成和其具体的发展过程。

关东大部分地区处于寒温带，兼具大陆性和季风性气候特征。四季分明，冬季漫长寒冷，夏季炎热潮湿，冬夏温差大，年雨量80%—90%集中在5月至9月，尤以7月、8月雨量最多。

关东地区由于山脉和河川分布的不同，也形成了不同的自然经济地带，这些经济地带，又塑造了不同的人文生态，也相应地形成了游牧、渔猎、农业经济文化区域。由于各民族生产与生活方式的差异性，在地域上形成不同的分布区，进而形成了关东地区多个民族经济文化并存且互动的格局。

关东地区的村庄聚落除了不同文化景观之外，还呈现出不同的自然景观。按职能分类，我国乡村分农村（狭义农村，以种植业为主）、林村、渔村、牧村。在分布上，农村大多位于适宜农业种植的中部大平原，也是人口最稠密的地区，"东省之村落，以农村为主，而海滨及岛屿之上有渔村，西部则为游牧人民之移动村落"。① 在长白山山脉和兴安岭山脉大森林里还有一些林村。时至今日，从发展态势上看，关东地区农村呈逐步扩大的趋势，而林村、渔村、牧村等则呈现逐渐萎缩或停滞的状态，这是农业进步所带来的必然影响，但对于村落景观多样性来说，未尝不是一种损失。

村落作为乡村社区的基本聚落形式本是一种地缘的组合，可在关东的广大区域里，处处可见如张家围子、王家村、李家庄、赵家堡子、刘家城子之类的单姓村落。在此，血缘和地缘牢牢地扭结到了一起，并在日常活动中加以强化，这在一定程度上是受中原宗法观念的影响。

在关东乡村，乡绅是礼的化身，我们从大量的地方旧志、碑拓中可以看到他们的身影。地方都要以浓重的笔墨来宣扬这些一方水土中的"乡耆""耆旧"等，为其树碑立传，来作为当地村民学习的楷模。乡绅地位主要经由求学、行医、参军、从政、经商、联姻等途径获得，他们活跃于"官"与"私"、中央与地方之间，涉足于政治、经济、文化、社会生活等各个领域。在很大程度上来讲，近代关东乡村社会是由这些"地方精英"来控制的。

从地域层面上讲，关东自古就是少数民族的聚居地。在漫长的历史岁月中，"土著"少数民族留下了丰富多彩的文化积淀。移民人口的流入更给关东带来了各地富有地方特色的传统文化，如胶东文化、豫东文化、晋商文化、江浙文化、两湖文化以及西方文化等，

---

① 张宗文. 东北地理大纲[M]. 杭州：中华人地舆图学社，1933.

这些移民文化与关东传统民族文化交融碰撞，奠定了多元的新型关东文化基础。

一、旧石器时代

从辽宁朝阳的鸽子洞遗址，我们可以看出关东地区在旧石器中期时，气候比较寒冷，特别是北部，既寒冷又干燥。而从大连的古龙山人遗址，我们又可以看出旧石器晚期，关东地区气候又出现了大规模的波动，从古龙山遗址出土的马的牙齿化石观察得知，不同年龄、不同品种的马死亡时间都在夏季，且多为非自然死亡的青幼年个体，这一点恰恰说明了这一时期自然环境极其不稳定，但我们仍无法准确推论出这一时期气温的具体变化状况。①

关东地区发现的古人类遗址和旧石器文化多达数百处。这些遗迹分布特点是：北部集中在大兴安岭东部的嫩江中游和小兴安岭南部的松花江中游地区；南面集中在以辽河流域为中心，呈对称分布的辽东、辽西两侧山地丘陵地区；此外在辽东半岛南端，沿黄海北岸和辽东湾沿岸也发现旧石器和第四纪哺乳动物化石地点。从地理位置来看，从我国最北部的黑龙江呼玛河左岸的呼玛十八站遗址起，最南延伸到辽东半岛上的复县古龙山洞穴文化遗址，东达乌苏里左岸的饶河县小南山遗址。

旧石器时代人类住址主要选择向山依水的洞穴。人类以穴为居

---

① 汤卓炜.中国东北地区西南部旧石器时代至青铜时代人地关系发展阶段的量化研究[D].长春：吉林大学，2004.

是旧石器时代的普遍现象，所以洞穴也可谓之"天然建筑"。当然人类对洞穴的要求是有选择的，有的洞穴是作为居住地长期在里面活动，有的是作为临时躲避野兽侵袭和风雪冰霜的场所。

距今300万至20万年前，人类逐渐从动物界的猿类中脱离，但还保留了猿类原始性体质特征，处于直立人和早期智人阶段。这时人类会制造简单的原始工具，懂得使用天然火，生产方式以采集狩猎为主，过着共劳共享的群体生活，婚姻处于血缘群婚阶段。旧石器晚期，晚期智人从体质形态看，原始的残余基本消失，外貌与现代人无大差别。人们已经学会了纺织衣服，制造石器技术有了很大提高，原始农业、家畜饲养初步有了萌芽，人们的活动范围也扩大了。社会组织进入新的历史时期——母系氏族社会。

关东地区的晚期智人化石和文化地点发现较多，北到中俄边界的黑龙江和乌苏里江，南到渤海和黄海沿岸，都有这个时期的人类化石和旧石器地点。旧石器时代晚期，人类婚姻发生进步，即排除兄弟与姐妹之间的通婚关系。在一个族群内部即使是同辈男女也不能互相通婚了，男子只能娶外族女子为妻，这就是族外婚。然而这一婚姻观念依旧带有原始群婚的特点：女子虽只能以外族男子为夫，但男子可以有一群妻子，女子也可以有一群丈夫。换句话说，既可一群男子共妻，也可一群女子共夫。

二、新石器时代

新石器时代开始，关东地区转暖，最典型的证据就是辽东半岛地区一直延续着以粟、黍为主的旱作农业。[①] 黍、稷为禾本科一年生草本作物,生育期短,喜温暖,抗旱力极强,这种生长习性可以证明此时关东地区开始出现了转暖情况。

新石器时期关东地区居民不再居住在洞穴里,而是根据"因地制宜"的原则修建房屋,从而形成村落。当时关东地区的房屋是简单的穴居,穴居虽然简陋,但它冬暖夏凉,可防暑御寒。村落外的壕沟是专为防野兽和其他氏族人员侵袭而挖的。因此,这一时期的村落具有居住和防御的双重作用。这时的居民已使用了陶器,农业已经发展到锄耕阶段。在沈阳北部的北陵公园西侧,发现了距今7200多年的新乐文化遗址。在新乐文化遗址中发现了多件精细的磨制石器,同时还发现了陶器、木雕制品。新石器时代早期农业经济占重要地位,但也还有一定的狩猎活动。一系列占卜用具的发现表明当时已经出现了早期的占卜巫术文化。氏族的墓地与居住地是分离的,并集中安葬,有一定的公共墓地。

三、青铜时代

夏商周时期,关东地区处于青铜时代,农业经济已经比较发达,当时社会出现了贫富差距,人们所处的社会地位不同,能够明显地看出阶级分化,私有财产已经出现,社会文化已经发展到较高的水平。

在这个时期,生产力的发展促进了社会生活和文化艺术的发

[①] 马志坤.中国北方粟作农业形成过程[D].北京:中国科学院大学,2014.

展。人们居住的房子，虽然多半还是半地穴式，但已经开始采用石块和土坯砌墙，土坯的使用较新石器时代的夯土墙又进了一步。在村落的外围，不仅挖有壕沟，有的还有土筑和石砌的围墙。这时人们使用的生产工具，仍以石器为主，磨制的石器比较多。当时的居民过着以农业为主的定居生活，家庭饲养业已经发展起来，人们食用的肉食，由靠狩猎获得而转向了以饲养的家畜为主。陶器在制作工艺上有很大的进步，陶器的装饰上，有绳纹、篮纹等，还有的在磨光黑陶上用红色、白色绘成类似云纹的彩绘花纹图案。这一时期出现了贝币，人们可以进行商品交换。这一时期人们已经有了墓葬的意识，由此，关东地区产生了很多石棚。墓葬中出现了不同葬法，对不同原因死亡的人按一定的信仰采取不同的葬法。人骨都是互相叠压在一起的，一颠一倒交错放置，按血缘远近进行合葬。此时及以后相当长的阶段，关东地区都属于奴隶制社会。

四、战国秦汉时期

战国后期各诸侯国的兼并战争，给"秦王扫六合"奠定了一个良好的基础，至此秦朝完成了中国历史上的第一次统一。西汉时期，经过初期的"休养生息"政策，社会经济得到了一定程度的恢复和发展，关东地区基层的管理也逐渐成熟，远在两千多年前的西汉时期关东地区的社会状况相对安定。据考古发现，两汉的遗址墓葬分布非常广泛，从沿海到内地，从平原到山区，都有汉代时期居住的遗迹。而且在重要城镇周围的村落，一般都比较大。

这一时期较为典型的遗址，是辽阳出土的三道壕遗址，这一遗址位于辽宁省辽阳市北郊三道壕村、太子河西岸冲积平原上。在这一遗址发掘的一万多平方米的面积中（仅占全村遗址的一小部分），就发现了6处完整的农民宅院，各宅院之间的距离，近的15米，远的约30多米，各住宅都坐北朝南，房屋底打黄土房基。房子以土木建筑为主，各宅院中大都具有炉灶、土窖、水井、厕所、土沟、木栏畜圈、垃圾堆等。在这些分散的宅院之间分布有砖窑址，在北部还有一条铺了鹅卵石的大车路。从当时的村民生活来看，已呈现出以一家一户为生产和生活单位的农村自然经济的生活图景。除饮食生活用水以外，还有生产上大量用水的情况，这体现在同一个土窖井中开了两个木壁水井。

在第一居住址中还出土了许多铜铁器和陶器，如铜镞、铁锄、铁镰、铁铲、锛、凿、刀锥等；装饰品有琉璃耳珰、琉璃珠；陶器有陶磨、纺轮和甑、豆等容器。俨然一幅自给自足、自然经济的美丽画卷。

在三道壕遗址中还发现了5座砖窑，这5座砖窑的年代与房址年代相同。窑址的建筑都是在地下挖一个长方形直筒窑，上口和窑门、窑床等重要部分都用长方形砖和黏泥筑成。全部壁面都涂有多层混有麦秸的黏土层，可能是当时烧过一段时间后就重新抹一层而形成的多层黏土壁面，各个窑的构造和形式是相同的，都有窑门、火膛、窑床、烟道和烟囱。窑门前面有放置柴火，场上面可能还建有窑棚。一般窑室高约3米，根据出土砖块的体积估算，这种砖窑每次可烧砖1800块左右，所烧的砖都是长方形灰色绳纹砖，这种砖和村中以及辽阳发现的一般汉墓中常见的灰色绳纹砖大致相同。说明当时对烧砖的大小样式都有一个较普遍的规定，砖的尺寸是和当时建筑的要求相符的。其中有两个窑紧靠在一起，两个窑有一共同使用的土窖方木井，露天炉灶，还有6个土窖围绕在两窑的前方，由这两座窑组成的一个窑业生产体系，只有在出现了一组有计划有组织的烧窑专业劳动者利用两窑轮烧的情况下，才能出现，说明这里窑业已经开始由农民副业生产渐渐地转向专业化了。

在三道壕村居住址的北面有一条大路，这条大路的东部又分成两条路，分别向两个方向伸展。这条大路的主道部分长166米，支道长24米，路面宽约7米，全用河卵石铺筑达3层或4层，厚达0.35米。路中心稍高，路两边整齐，路两旁设有水沟副道等，建筑痕迹在路面上有明显的对开双轨车辙迹，说明当时大车往来各走一辙、畅行无阻的交通状况。每家都能独立地进行生产活动，农业生产工具体形薄小，还有很小的小铁铧，反映了当时分散的个体小农经济的盛况。粮谷加工出现了旋转式的陶磨，发达的筑井技术，宽阔的铺石大路，都说明了当时农业生产技术是很高的。

夫馀在辽东郡以北的郛塞外，称"本秽地"，当是以秽人为主，包括貊人在内，故亦以"秽貊地"称之。在战国中期已被称为夫馀，其地北有弱水（今黑龙江中游），南与高句丽（今东辽河一带）接壤。东或东北为挹娄，地在今张广才岭、松花江下游到黑龙江、松花江合流处以东。西为鲜卑，约至今大兴安岭以东，南至今拉林河、嫩江一带。

五、魏晋南北朝时期

东汉末年，社会处于动荡之中，中原地区豪强四起，群雄角逐，各霸一方，东北地区也是四分五裂。此时公孙氏趁机占领辽东，成为关东地区一个强大的封建割据政权。

　　晋朝建立，改革政治制度，加强对关东地区各族的管辖。设"护东夷校尉府"，政治、经济出现暂时的安宁与繁荣。魏晋南北朝时期，除了西晋实现了短暂的统一外，其余各朝代都处于大分裂、大动荡时期。"八王之乱"时，由于中原战乱，封建割据，加上气候变化使得草场枯竭，边远少数民族趁机逐渐向内地迁移。特别是北方各民族，纷纷南移，各自建立了地方政权。各种政治力量的相互消长，人群流动，促进了中原地区和北方地区政治、经济、文化的交流以及北方各民族社会文化发展。关东地区魏晋南北朝时期的文化遗存，恰是这段历史的真实反映。

　　三国至西晋初年，鲜卑势力已经逐渐向东扩张至辽河流域。北魏太武帝拓跋焘的祝文在大兴安岭的嘎仙洞发现，说明此为拓跋鲜卑祖庙石室，大兴安岭北段也应是大鲜卑山，当时的拓跋鲜卑就居住在这里。孝文帝深化汉制改革，政权稳定，出现中兴局面。公元534年，北魏分裂。

六、隋唐时期

　　隋唐时期，是中国封建社会繁荣昌盛的时期，特别是唐朝，国家统一，民族融合，经济、文化大发展，成为当时世界上数一数二的强国。这一时期，关东地区各族以附属国形式向中原王朝纳贡称臣，政治安定、经济发展，同中原地区一样进入大发展时期。由于政治、经济的强盛和独特的边疆地理环境，关东地区同周边国家和地区的友好往来也有了新的发展。

唐朝在关东地区设有完备的行政管理机构。在各族首领统辖区设羁縻州府，任命各族首领为都督、刺史等官并世袭。唐朝结束了高句丽在辽东的占领，设安东都护府，册封少数民族首领，促进了当地的发展。渤海国完全仿唐制，学习中原文化，在此期间已有佛教传入。渤海国作为唐朝的地方政权，曾以通聘方式与新罗、日本进行经济文化交流，促进了唐朝与日本等国的友好往来和经济文化的相互交流。

渤海国最主要的产业是农业，当时铁器已经被普遍使用，铁器的制作工艺大多是学自中原地区，因此二者呈现出了高度的相似性。畜耕（主要是牛耕）也有了进一步的推广，表明其农业确已进入了犁耕阶段，"已掌握了水利灌溉的技术，并最晚从8世纪后期起，即已在今北纬44度以北的牡丹江中游一带引种了水稻，无疑是当地农业史上的一大壮举；由于先进历法的采用，能够准确地掌握农时，并在实践中不断地摸索、试验，从而在培育优良品种方面取得了骄人的成绩，出现了'卢城之稻''丸都之李''乐游之梨'等"。①

而这一时期渤海国的手工业也有了很大发展，形成了多个主要门类，主要有纺织、矿冶、陶瓷、造船、建筑等。其中纺织又分为麻织和丝织二类，麻织业以中京地区为主要产地，"显州之布"名闻海内；丝织业则以上京一带为中心，以"龙州之䌷"最为著名；而南京一带的"沃州之绵"也具特色。矿冶方面则主要是铁和铜矿的开采，中京一带"位城之铁"是其主要产地，铁利府也集中了大量的铁匠；铜冶集中在郿州及率宾府一带，所产熟铜质地相当纯净，曾远销到山东半岛地区。金银生产也受到重视，所铸金、银佛像曾

---

① 潘春良，艾书琴.多维视野中的黑龙江流域文明[M].哈尔滨：黑龙江人民出版社，2006.

作为贡物献于唐廷。陶瓷生产进步显著，表面光亮的轮制陶已基本上取代了手制陶，并出现了著名的三彩陶器以及瓷器的生产。建筑及建材业也有了很大发展和进步，高大的城池和宏伟壮丽的宫殿反映了这方面的成就，而所需的砖、瓦等完全为本地所制作。造船业也具有了一定的规模，著名的盐州港是其制造中心。

渔猎和畜牧业在渤海国经济中仍占较大的比重，主要集中在东部、北部的边远地区。水产丰富，渔民们可以从事远海作业和捕获鲸类。狩猎的本领也超过了前人，可以猎获大型的猛兽，使虎、豹、熊等毛皮成为重要的贡品和外贸物资，而"夫餘之鹿""太白山之菟"以及"海东青"更是名闻天下，家畜饲养方面则培育出"率宾之马""郑颜之豕"等优良品种。[1]

在继承与发扬本地区传统文化的基础上，渤海国积极吸收中原文化，同时利用自身商业优势，推进与周边少数民族的贸易，一度使得渤海国本身的民族文化得以发展。这一时期，由于民族间的交流融合，关东少数民族与中原汉族相互学习、相互影响，既保留了本民族的特色，又增添了不同以往的生命力，给关东独特的传统村落文化注入新的活力。

七、辽金元时期

契丹源于鲜卑族群，公元4世纪，这一族群开始居于辽河的上游西拉木伦河和老哈河一带。最初，契丹人的社会生活是以渔猎为

---

[1] 潘春良，艾书琴. 多维视野中的黑龙江流域文明[M]. 哈尔滨：黑龙江人民出版社，2006.

主，稍后，开始经营畜牧。起初契丹人先是居住在帐篷里，逐水草而居。之后很长一段时间里，通过不断和其他民族交流，才开始有了定居点。之后在唐朝建立的近三百年的时间里，契丹一直处于唐朝和突厥两强之间。唐朝势力在关东地区衰落，突厥分裂，契丹才从唐朝后期开始强大起来。耶律阿保机统一契丹八部，废除旧制，建立契丹国，晚年灭渤海国。耶律德光侵占燕云十六州，至此辽境内开始包含了几个大的民族族群，而民族间的社会经济发展情况及他们的生存状况大相径庭。在大体上可以分为"耕稼以食，城郭以居"的汉人和原渤海国人，以及"渔猎以食，车马为家"的契丹人和其他游牧民族。[①]《东北古文化》一书中的观点是："契丹变氏族制为宗法游牧封建制，更进而变革为以农业为主的头下制的中原制与本族制相混合的类型。"但现在的新观点认为，辽朝其实在发展过程中已经出现了宗法制和封建制，并在其后不断发展。为了统合境内各民族利益，辽朝建立一套"因俗而治"的政治制度。这套制度中，辽朝不仅保留了原本的民族制度，还适时建立了符合当时形势的南北面官制度，目前来看这一制度确实在辽朝的发展和崛起中起到了重要作用。

辽朝末年，随着女真的入侵，农业生产关系遭到了严重破坏，但随着女真人对辽朝的全面占领，金熙宗之后开始进行农业改革，农业生产显著恢复发展。

女真族系出自靺鞨的黑水部。女真族从原始的氏族部落制经由部族制而发展为一个统一的女真民族，并建立金朝。女真族建国者完颜阿骨打有完整的祖系可考，始祖函普是在渤海时南迁于今朝鲜

---

① 傅仁义，许玉林，高青山，等.东北古文化[M].沈阳：春风文艺出版社，1992.

咸境道的黑水部的后人，后来迁徙到仆干水完颜部并被吸收为完颜部人，又徙于按出虎水，为按出虎水完颜部。①

根据《金史》等史书记载，函普以后已进入亲族部落联盟，向统一的庞大的军事部落联盟迈出了重要的一步。献祖绥可及其以后，女真社会内部生产力获得高度发展，出现了统一的军事部落联盟，不断征服诸部，并用本部条教（与旧氏族对立，被称为"国俗"）改变其他部的旧俗，最后"卒定离析，一切治以本部法令"。《大金集礼·卷三》："穆宗孝平皇帝，法令归一，恢复洪业，尽服四十七部之众。"在建国之前，完颜阿骨打先进行了一次军事制度改革，将原本的猛安谋克制进行改革，并在对辽战争中取得胜利，1115年正式称帝，建立金国。

蒙古人系东胡后裔，唐时属室韦的一部，早期以渔猎为生，后来由于铁器的使用，生产力有了很大发展，迁到不儿罕山，开始游牧生活，结成部落联盟。元朝建立后统一关东地区，设辽阳行省。由于民族的迁移，以及蒙古统治者对各民族的宗教信仰采取了兼容并蓄和一些优待政策，关东地区的宗教事业呈现出了兴盛局面，佛教仍是元代关东地区影响最大的宗教。随着民族的迁移，基督教和伊斯兰教也渗入关东，萨满教也发生了一些嬗变，主要运用占卜手段或者举行一些象征性、礼俗性的祭祀仪式。

---

① 张博泉，魏存成.东北古代民族·考古与疆域[M].长春：吉林大学出版社，1998.

八、明清时期

从经济层面上讲,关东地区的生产结构在明清时期呈现出从农业、渔猎、采集、游牧并存逐渐向以农业为主、其他为辅的转变。

明王朝统一全国后,加强了对关东地区的管理,除设辽东都指挥使司、奴儿干都指挥使司等行政机构外,还修建交通干线,发展水陆交通。这些措施使边疆少数民族政治、经济、文化得以较快发展。

关东地区被清朝统治者视为"龙兴之地"。努尔哈赤统一女真各部,统管关东的大部分地区。1644年,清军入关是满族历史的重大转折。清朝初年,关东地区由于经历了明清之战,原来为政治、经济中心的辽沈地区人口锐减,熟地变为荒地,都邑变成废墟。一时间野无农夫,路无商贾,土旷人稀,生计凋敝。针对这种情形,清廷一边加强盛京驻防八旗,一边积极鼓励关内民众出关开垦土地,以充实关东地区。清军入关后,关内斗争复杂,清朝统治者为维护关东地区的特殊性,修筑柳条边。柳条边又名盛京边墙、柳墙、柳城、条子边。清顺治年间始分段修筑,至康熙中完成的一条柳条篱笆,禁止边内居民越过篱笆打猎、采人参、放牧。南起今辽宁凤城市南,东北经新宾东折西北至开原市北,又折而西南至山海关北接长城,名为"老边"。又自开原市东北至今吉林市北,名为"新边"。老边自开原市以东归盛京兵部管辖,边墙以东为围场禁地。老边自开原市以西归奉天将军管辖,新边归吉林将军管辖,边墙以西为蒙古部落驻牧地。初设边门二十一,后减为二十。每门驻官兵数十人,稽察出入。乾隆五年(1740),清廷正式封禁东北,严禁其他民族尤其是汉族人入内,柳条边作为禁区的边界,存在了一百余年，随着自然灾害和八旗内调，关东劳动力不足，政府禁令渐渐松弛。1840年以后，柳条边被废除。另一方面，清廷于康熙、乾隆年间设盛京将军、吉林将军、黑龙江将军管理关东这一龙兴之地，实行"四民体制"因俗而治，旗人地区实行八旗制度，汉人地区实行州县制度。清朝中前期，八旗制度凌驾于诸多制度之上，成为关东地区的主导制度。

清朝关东地区开发较晚，地广人稀，村落星疏，州县官制难以周至，所以县以下广大乡村治理相当薄弱，甚至有些地方出现官吏"真空"状态，加之大量流民涌入，土匪横行，乡村更迫切需要治理。于是，作为基层社会组织社甲、保甲、乡约制度应运而生，弥补了这种薄弱与"真空"，成为中央与地方、上层与民众的中介。由于乡约"直接临民"，职责多重而全面，兼具社甲、保甲的一些职能，故有"乡约于乡办理百般事务，为地方官厅补助之机关也"之说。关东地区的乡约不仅仅局限于其教化功能，更有其他非教化的实际职能，这是关内其他地区所不能比的，对控制关东广大乡村起到了重要作用。[①]

真正意义上农村的开拓与开发始于清朝。清朝虽将关东地区设为"禁区"，却也时有招垦、放垦，伴随着人口与土地的飞速发展，也促使人口与土地的结合产物——村庄——飞速地发展。关东地多人少，人均耕地较多，基本没有"人地矛盾"，在关东地区各地政府没有清丈、放荒之前，这里是没有主的荒地，木头谁愿砍谁砍，人参谁愿采谁采，荒地谁愿开谁开。长久以来，关东地区也就形成了成熟的管理地方的机制，增加了政府的财政收入。

---

① 王广义.论清代东北地区"乡约"与社会控制[J].史学集刊，2009（6）：107-116.

当时关东设立官庄、旗屯、民屯三大不同类型的农村村庄体系，其中官庄农民主要是裁汰兵丁和发遣人丁，而民屯基本以汉人为主体，旗屯是以旗民（满洲八旗、汉军八旗、蒙古八旗）为主体。清廷为了保证"满洲根本"，又实行了旗民有别的政策。主要体现为"旗民不交产""旗民不通婚""旗民不同刑"，另外还有"旗民不同居"，使旗人尽可能地和民人分区居住。这里的旗人指加入八旗旗籍的满族、蒙古族、汉族（称汉军旗人）、锡伯族等民族的人民，民人指未加入八旗旗籍的汉族等民族的人民。① 一般来说，旗界大于民界。

在黑龙江地区，尽管到了清末旗民杂处，但还保留原有旗民别居印迹，民人和汉军八旗，多在东南一隅，都有一定的居住区域。在他们居住区域之内，还是各有不同，汉军八旗居住的区域，非常集中，番号是按照八旗颜色的不同来分别；至于民人居住的地区，则比较分散，因为他们是居住在旗人居住区域的四周，细审他们的存在，有保护旗人的意义。尽管清廷规定旗民分界，各居一方，但大量流民为了生存必然流入旗界，寻找土地。这样清初以来的旗界逐渐破坏。康熙末年，奉天、锦州两个府，已是"旗民地土，虽各有圈开界分，但互相交错"。而到了乾隆四十年（1775），盛京侍郎兼府尹富察善在上奏中云："奉天各州县及旗庄地方，旗民杂处，并无旗界、民界之分。"② 嘉庆年间，吉林及伯都讷、阿讷楚喀等地，"多系旗民同居共处"。康熙年间，开原城守尉所辖旗界比开原县所辖民界大得多，旗屯多于民屯，但是乾隆朝以后发生了变化，这

---

① 凤城市党史地方志办公室.凤城史志报汇编（第1卷）[R].2012.
② 王妍.清代的东北移民与民族融合——以辽宁地区为例[J].黑龙江民族丛刊，2016（1）：83-89.

255个村屯中，旗屯不过82个，民屯87个，旗民屯86个。其中旗民屯当初是旗屯，后由于汉人流入，成为旗民混居村落。这种现象在乾隆朝以后带有普遍性。

整体而言，清朝中叶，关东地区阶级矛盾、民族矛盾尖锐，匪乱、民变、边患频仍，村民的生命财产越来越缺乏保障，在这种情况下，村民多聚集而居，以求自卫。

关东作为清朝的"龙兴之地"，见证了满族的盛衰，也从特殊的历史角度见证了中华民族五千年的成长。

第二节 独特文化

一、旧石器时代

（一）关东地区迄今已知最早的古人类居住地：金牛山遗址

金牛山遗址，位于辽宁省营口市大石桥市田家屯村西金牛山，1974年开始发掘。金牛山是辽东半岛中部沿海平原上的一座拔地而起的孤立山丘，山东南有一大型溶洞，是26万年前的一处古人类居住地。堆积可分八层，出土动物化石主要有梅氏犀、肿骨鹿、剑齿虎等20余种，同时出土打制石器和用火遗迹。在第八层上部出土一具较为完整的属于早期智人的人骨化石，为20岁左右的女性。在金牛山遗址洞穴内发现一些有打击痕迹的石器，其中有一些人工痕迹非常清楚。金牛山人利用锤击法和砸击法来击打石片，然后进一步加工成各种不同用途的工具，石器主要有刮削器和尖状器。1988年1月13日，金牛山遗址被中华人民共和国国务院公布为第三批全国重点文物保护单位。

（二）辽东山地的旧石器时代洞穴：庙后山遗址

庙后山遗址是一处旧石器时代早期遗址，位于辽宁省本溪市山城子村东庙后山南坡的一个天然洞穴内。庙后山洞穴海拔450米，山前是汤河谷地，对面是岁岁年年被水冲刷的沟壑，纵横交错。遗址高于汤河近60米。这个洞穴是1978年5月当地工人采石灰石时发现的，出土了大量的动物化石、石制品、骨制品和人类化石，还

图 2-1
金牛山人头骨化石

有用火遗迹。

出土石器共76件，其中上层出土5件。这些石器的特点是用锤击法和碰砧法制成。碰砧法是用一块大的砾石，双手攒住一端，举起后猛碰固定在一个位置上的大石砧，这样可以产生较大而薄的石片，然后再进一步加工成器。采用这种方法打石器，在关东地区还是第一次发现。此外，人类所选择的石料，都是险峻河滩上或周围基岩较硬的岩石，庙后山石器就是用硬度较大的石英砂岩。工具类型有砍砸器、刮削器、尖状器、石球等，加工技术复杂，器型较大，与周口店出土的石器相似。2006年，庙后山遗址被中华人民共和国国务院公布为第六批全国重点文物保护单位。

图 2-2
庙后山遗址保护碑

（三）大凌河遗址的原始居民：鸽子洞人

鸽子洞是辽宁首次发掘的旧石器时代遗址，也是关东地区旧石器时代中期的代表遗址，位于辽宁省朝阳市喀喇沁左翼蒙古族自治县水泉乡瓦房村。两级50余米高的悬崖陡壁位于大凌河边。鸽子洞是处于第二级悬壁上的天然洞穴，因成群的鸽子居洞中而得名。这一带山地由奥陶纪石灰岩和侏罗纪紫红色页岩组成，由于地下水长期的溶蚀作用，形成许多袋形和垂直竖井式洞穴。鸽子洞就是地下水沿岩层面溶蚀形成的狭长甬道式洞穴。顶部高敞的岩壁，洞口向东南。宽约1.8米，纵长10余米，里面是约20平方米的"内室"，构成适于古人类生活的理想洞穴布局。

鸽子洞出土的石器有以下几个特点：

1. 鸽子洞打制石片主要用锤击法直接打制。从石核上遗留的石片疤和大量石器形态观察，石片比较规整，有长方形、三角形和梯形。

2. 石片大部分是自然台面，修理台面较少。

3. 工具组合以刮削器为主，其次是尖状器和砍砸器。刮削器制作技术较高，刃缘匀称，刃角锐利，形态可分单直刃、凸刃、凹刃和复刃多种。

4. 石器以中、小型占优势，一般长在6厘米以内，只有几件大的砍砸器，说明工具以小型为主体。

2019年10月，鸽子洞遗址被中华人民共和国国务院公布为第八批全国重点文物保护单位。

图 2-3　鸽子洞遗址

（四）松花江沿岸的阎家岗遗址

阎家岗遗址位于黑龙江省哈尔滨市西南的阎家岗，属于旧石器时代晚期遗址。1982年文物普查时发现，经过多年考古挖掘，遗址中出土了大量的石制品、骨器和动物化石。值得注意的是，在这里发现两处由大量哺乳动物骨骼围筑而成的半圆圈形遗迹，是中国考古学上的一项重要发现。经过仔细研究，以及与国外资料对比，确认这种遗迹系古代猎人所为，应是古代人类的临时性居住地，即古营地。有人认为，这种古营地应是我国发现最早的建筑，这很值得推敲，我们怀疑它应是猎人祭祀敬神之处的祭坛。在古营地附近还发现一件黑燧石刮削器，刃部锋利、刀身平直、制作精细。阎家岗古遗址发现的人类头骨残片为右侧顶骨后部靠近枕角区，保留人字缝锯齿的一小部分，比现代人较为原始，属晚期智人。

我国著名的古人类学家贾兰坡先生评价说"哈尔滨市郊阎家岗旧石器晚期古营地遗址的发现、发掘和研究报告的问世，无疑是黑龙江省旧石器考古工作的一个重要成果"，[①] "我国是世界上发现人类化石及其文化最丰富的国家之一，在我国这一广阔的土地上，蕴藏着人类祖先留下的宝贵财产。像阎家岗遗址这样有意义的地点，在不久的将来还会有不断发现"。[②]

（五）我国最北边境的旧石器时代遗址：黑龙江呼玛十八站

黑龙江右岸呼玛十八站位于祖国的北部边疆，境内发现了我国最北的一处旧石器时代遗址，处于旧石器晚期。这个遗址在大兴安岭东坡、呼玛河左岸的二级阶地上，呼玛河从下方缓缓流过，这是一处近水、向阳，满足古代人类居住需求的场所。遗址出土大量的细小石叶、石片、石核等，石器的石料都是坚硬而有一定韧度的燧石，以及细砂岩和黑曜石等。出土器物主要是刮削器、尖状器、雕刻器等。石器制作精致美观、形态多样。而且器物和制法与我国中原地区同时期文化具有共同性。如楔状石核与河北

[①] 黑龙江省文物管理委员会、哈尔滨市文化局和中国科学院古脊椎动物与古人类研究所东北考察队编.阎家岗：旧石器时代晚期古营地遗址[M].北京：文物出版社，1987.
[②] 北大荒文化精粹数字展馆。

阳原虎头梁遗址的同类器物相似。反映出关东地区古文化与中原地区古文化有密切联系。

二、新石器时代

（一）松花江畔的原始文化：左家山遗址

左家山遗址位于吉林省松花江支流的伊通河北岸的左家山台地上，距今已有7000年左右。遗址南北宽约30米，东西长约40米，总面积约1200平方米。该遗址系1983年发现，1984年春由吉林大学考古专业师生对遗址进行发掘，发掘面积约为400平方米，发现房址1座，烧土遗址2处，灰坑20个，出土一批陶器、石器、骨器以及大量的蚌壳、鱼骨、动物骨骼等。使用的工具主要是磨制的石斧、石磨盘、石磨棒，还有用石头压制的石叶，用兽骨制成的锥、针、笄、镞、钻、矛、铲。使用的陶器主要是筒形罐、鼓腹罐、钵、斜口器，多是彩砂灰褐陶制作的，陶器上倒划和截压着各种纹饰，有菱形纹、弦纹、席纹、之字纹、人字纹、连点线纹、篦点纹等。居住在这里的中期居民，大约在6100年前，他们居住的是长方形和椭圆形半地穴式的房子。房子的墙是用夯土筑成，既坚固又保暖，房子里有灶坑。这是古代建筑的一大进步。在这里是农业经济占重要地位，也还有一定的狩猎和渔猎活动。

1985年左家山考古的一个重要发现，是出土了一件公元前4000年到公元前3500年的玉龙。该玉龙高4.4厘米，宽3.8厘米，厚1.1厘米。器呈黄色，卷曲状。首尾相接处有一缺口，没有断开，中心

第二章　关东传统村落的景观形成

图 2-4
左家山曲体玉龙

有一大圆孔。龙首较小，头顶有双耳，双眼凸起，吻部较宽，嘴前凸。身体蜷曲成环，龙身光素无纹饰，颈后背脊处横穿一孔，可系挂。器磨制光润，造型古朴。

（二）兴凯湖边的早期渔民：新开流遗址

新开流遗址位于黑龙江省密山市大、小兴凯湖之间新开流以东1.5千米的湖岗上。遗址东西长300米，南北宽80米，面积约2.4万平方米。1972年发掘280平方米，发现新石器时代墓葬32座，渔窖10座，鱼窖有圆形和椭圆形两种，窖内下部堆满鱼骨，上部填土。鱼骨经鉴定有鲑鱼、鲶鱼、鲤鱼、青鱼。出土大量以鱼鳞纹、网纹、波纹为特征的陶器和以渔猎工具为主的石器、骨器、牙角器等。遗址中有很多压制的石器和一些打制、磨制的石器。压制的石器有石镰、标枪头、刮削器等，打制的石器有矛、斧，还有磨制的石斧、石凿、研磨器等。当时这里人使用的陶器主要是夹砂灰褐陶和黄褐色陶制作的。陶器上装饰的花纹刻画得很深，有菱形纹、三角纹、短竖线纹、折线纹，拍印的三角纹、方格纹和鱼鳞纹等。从考古发掘可以推测当时新开流地区的居民在兴凯湖边过着渔猎为主，狩猎和农业为辅的定居生活。

图 2-5　新开流遗址保护碑

这是一处不同于国内外其他新石器时代文化的、富有特征的遗址，以本遗址为代表的这种类型的文化遗存，被命名为"新开流文化"。1981年新开流遗址被公布为省级文物保护单位，经省政府批准，在原址建起了遗址石碑。2019年，新开流遗址被列入第八批全国重点文物保护单位。

（三）镜泊湖边的古文化：莺歌岭遗址

莺歌岭遗址位于黑龙江省宁安县镜泊湖东南岸，遗址中发现了两座早期人类生活的遗址，呈长方形半地穴式，在四壁附近有柱子。室内中间有椭圆形烧土面，可能是烧火做饭的地方。他们使用的石器以磨制为主，有斧、网坠，骨角器有骨针和鹿角锄。这一时期，人们制陶的技术还不太高，制出的陶器种类很单一，只有罐、碗、盅和纺轮。这些陶器上也有刻画的人字纹、席纹和篦点组成的人字纹。

镜泊湖畔晚期房址，也发掘了两座，是长方形半地穴式，墙是用石头砌成的，室内四壁附近有两个柱洞，屋内有椭圆形的烧土面。使用的石器以磨制为主，有斧、锛、刀、凿、矛、磨盘、磨棒等，压制的石器也占有较大的比重，其中重要的特征是以黑曜石为料。压制的石器有刮削器、切割器等。骨器比较多，有锥、针、簪、匕、镞、凿、鱼钩、枪头、甲片等。他们使用的陶器，种类很多，除罐、碗、杯、盘外，典型的器类有乳丁状小纽深腹罐，齿状花边口沿罐等。不仅能手工制作一些器物，还能用陶塑动物，如猪、狗、鸡等，说明这时的制陶技术已有了很大的提高。

图 2-6　莺歌岭遗址

该遗址上层文化的 F1 出土的木炭和桦树皮，经碳 14 测定，距今 3025±90 年，表明上层文化已进入商周纪年，有学者认为：可能是古肃慎人的物质文化遗存。故此，莺歌岭遗址对牡丹江流域古代民族与文化的研究具有重要学术价值。1999 年，莺歌岭遗址被黑龙江省人民政府公布为第四批省级文物保护单位。

三、青铜时代

（一）沈阳附近的两种古文化

在沈阳地区，发现了两种不同的青铜时代文化。

第一种文化是高台山文化，因 20 世纪 70 年代首先发现于辽宁省新民市高台山而得名。高台山文化距今约 3300 年，主要分布在辽河下游的柳河流域，西抵医巫闾山，东达辽河。[①] 从丧葬习俗和生活习惯来看，高台山文化和以往发现的文化类型的特点有所不同。高台山文化墓葬均为土坑竖穴墓，成人墓流行单人屈肢葬。屈肢葬的风俗在关东地区已有发现，多数是头向北，脚向南，侧着身体，弯曲着腿埋葬，高台山文化墓葬多是侧身屈肢葬。随葬陶器有壶、罐、钵等。墓葬中的随葬品一般都是一个陶壶和一个高圈足陶钵，钵倒扣在壶口上成为一套组合器物，皆素面施红衣。个别墓内还有石剑和棍棒，这种棍棒是用石头和木棒复合制作而成，在石头中穿洞，将木棒插入，即成棍棒头，可以作打击用的武器。有的墓中还殉有纺线用的陶纺轮、石斧及佩饰。从殉葬的纺轮、棍棒头，可以推测当时出现了纺织业和渔猎业。

2006 年 5 月，高台山遗址被中华人民共和国国务院公布为第六批全国重点文物保护单位。

另一种文化是 20 世纪 70 年代在沈阳北郊北陵附近的新乐遗址率先发现的，被称之为"新乐上层文化"，距今约 3500 年。该文化类型主要分布在浑河和辽河流域。墓葬出土的工具以磨制的石器为

---

① 王巍. 中国考古学大辞典[M]. 上海：上海辞书出版社，2014.

图 2-7　陶钵　　　　　图 2-8　陶壶

主，有石斧、双孔刀、磨棒等。陶器主要是以粗砂红褐陶三足器为代表，多为手工制素面，少量带有纹饰。还出土有青铜斧和刀。从出土器物推测这一文化属于定居的以农耕为主的族群文化。

（二）松嫩平原的白金宝文化

白金宝文化主要分布在嫩江中下游及松花江上游沿岸地区，因 1974 年黑龙江省肇源白金宝遗址的发掘而命名，该文化距今约 3000 年。白金宝文化的居民，和关东地区其他同时期的居民一样，居住在长方形、半地穴式的房子里，房门开向东南方，进门有一斜坡的门道。房子中央有椭圆形的灶坑。这种灶坑，既可烧肉煮饭，又可供人们取暖。他们生活用的陶器，全是手工制作的，主要用的是黄褐色泥质陶和灰褐色夹砂陶。烧制的火候较高，陶质坚硬，制出的陶器种类繁多，纹饰多样，陶鬲和筒形深腹罐是典型器物。用仿桦树皮的图案来装饰陶器，还常见到动物的纹饰，如羊纹、蛙纹、鹿纹等。这是当时人们对经常见到的动物的极为生动的描写。白金宝文化的居民，使用的生产工具不仅有石器，还有许多蚌器和骨器，如蚌刀、蚌镰、蚌镞、骨鱼镖、骨矛、骨镰等，以及刀、剑、镞等青铜器。出土的生产工具表明，白金宝文化的农业生产已达到一定的水平。

（三）殷先世始居东北的亳地

史书记载殷始祖契起源于关东，《荀子·成相篇》："契玄王，生昭明，居于砥石迁于商。"《左传·襄公九年》杜预注："其砥石，先儒无言，不知所在。"《淮南子·地形训》及《水经注·大辽水篇》均言辽水出砥石。金景芳教授《殷文化起源于北方说》指出砥石即今西拉木伦河发源之白岔山，为研究关东史者所认同。至于《汉书·地理志》注"辽山，辽水所出"，《山海经·海内东经》"潦水出卫皋东"的卫皋，《水经注》引作"出塞外卫皋山"亦作白平山，皆指今东辽河发源之平顶山，不可与砥石视而为一。商当是殷先祖契所居，故云"降而生商"。《世本》："相（土）徙商邱，本颛顼之地。"《帝王世纪》："商契始封于商。"根据金景芳教授的说法，此商邱指契始居之亳，即殷土，在关东。然而这一说法还有待商榷，因为目前的考古资料暂时无法证明殷人故地在关东。①

四、战国秦汉时期

（一）东康古代村落

东康遗址位于黑龙江省宁安县东京城乡东康村牡丹江支流马莲河北岸的一块台地上。东康遗址是牡丹江流域一处重要的古代遗址，面积达 25 万平方米，房址都是半地穴式的，既防寒又便于建造，很适合北方地区的寒冷气候，所以在黑龙江流域，一直沿用了很长时间，直到明清时期，黑龙江流域一些少数民族还居住在这种半地穴式的房子里。

在发掘的 4 座房址中，2 号房址规模最大，西墙长 14.4 米，南墙残长 5.85 米，在靠近墙壁的地面上发现了 13 个柱洞，对我们了解这座房子的建筑构造提供了研究的材料，它的房架是用木柱架起的，房顶上覆盖着一种用以遮阳挡雨的草料。在房子的南部有一个灶址，是当时人们生火取暖、做饭的地方，长期烧火使灶底形成了一层坚硬的烧土面。为了防潮，当时人在房子内的居住面上先铺一层 2 毫米厚的白灰面，在白灰面上再铺上土，加以焙烧，形成一个坚硬的地面，以利于居住。在房内出土了许多当时房主人使用的遗物，有陶瓮、罐、钵、杯等生活用器，还有石刀、石斧、石锛、石镰、石镞、石矛、角凿、蚌刀、牙刀、骨纺轮、网坠等生产工具，

---

① 张博泉，魏存成.东北古代民族·考古与疆域[M].长春：吉林大学出版社，1998.

特别是在房子的西北角,发现了一个盛有炭化的谷物的贮粮罐,经鉴定是粟和黍的籽粒,这些籽粒基本上经过了加工脱壳,籽粒比现在的小一点,加工谷物的石磨盘和石磨棒,就放在这个贮粮罐的附近。在遗址中,发现了9个袋状窖穴,有几个毗连的窖穴,间距仅2—3米,而且这些窖穴建造得都比较规整。

出土的陶器,都是手工制作的。烧制的陶器,由于火候不均,颜色多有不同,有纹饰的极少,仅在颈部饰齿状花边或绳状的附加泥条,腹部有圆点锥刺纹。陶器上流行钮状把手,一半左右的器物上都有小钮,有的甚至有两三个或四个。

石器大多数是磨制的,也有极少的打制石器、压制石器。出土的石刀较多,很多刀身上钻有孔洞,有一种半月形的石刀,刀体较大,凹背凸刃,在接近刃部处往往有2个或3个孔。

墓室用长条石块砌成,用石板盖顶。石料多用当地所产的玄武岩。东康遗址面积广大,文化层堆积厚重,从制陶工艺和大量的农业生产工具与出土的各种粮食等情况来看,居住在这里的部族(可晚到三国时期)已经过着稳定的定居生活,主要从事农业,但渔猎和采集还占有很大的比重。粟、黍的发现为研究关东地区谷物栽培史,提供了珍贵的标本。

(二)出土剑器最多的古墓群

在辽宁省西丰县乐善乡一个名叫西岔沟的小山岗上发现了一个占地有8000多平方米的汉代前期古墓群。从发掘的63座墓中共出土了71把铁剑,是同时期发现的古墓群中出土剑器最多的。

铁剑形制并不相同,有木柄铁剑和铜柄铁剑。木柄铁剑与汉式剑相同。铜柄铁剑中柄首有两种形式：一种柄首左右向后曲环，形似双鸟回首；另一种柄首为柱状，穿连七八个铜环，震之发响，别具民族风格。这些铁剑都是当时墓主人所使用过的兵器，有的还残留战斗的斫削痕迹。该墓葬既有汉族文化的遗物，又有其他部族文化特征的遗物，我们推测当时各民族之间的文化交流较为频繁。

墓葬都是排列有序的单人长方形土坑墓，随葬品放置较有规律，按其用途安放，如刀、矛等都放在人身左侧，人上部多放衔铁等马具，小铁刀、铜铃、陶纺轮放在腰部。通过人骨鉴定，发现死者大部分是青壮年。如此大规模的非正常死亡，应是频繁战争造成的后果。从殉葬物品来看，这里的人们已经有了等级的区别。如有的墓出土长短兵器、马具以及较贵重的服饰等物品，有的墓只有粗陶罐、一副铁刀和一点零散的服饰用品。这里还发现有殉马的风俗。

这里的手工业也比较发达。能够制造和加工青铜工艺品，铁器制造已比较广泛，能够进行大量铁兵器的锻造，给铁剑加铸铜柄。还能把折断了的剑身重新焊接上或改锻成新的兵器。这个部族擅长骑射，其文化有着强烈的自身特色，又受到汉文化的深刻影响，我们无法确定这一古墓群的归属，但从地望和出土文物来看，第一种观点认为是夫馀族，另一种观点认为是鲜卑族，第三种观点认为是匈奴族人的古墓地。[1]

---

[1] 傅仁义，许玉林，高青山，等.东北古文化[M].沈阳：春风文艺出版社，1992.

（三）鞍山市海城市牛庄镇

牛庄是一座历史悠久的文明古镇，地处辽宁省海城市区西部20千米，总面积53平方千米。舜时属营州，三国时属燕国的辽东郡。汉献帝建安二十五年（220），牛庄就是辽隧县的县治所在地；魏明帝景初二年（238），牛庄成为一个重要村庄；唐贞观十九年（645）唐太宗东征高句丽之安市城时，牛庄是个养牛的村落，西有马圈（现在牛庄西北2.5千米处，仍有唐朝时期的养马圈遗迹，占地数十亩）；元朝时期，牛庄称为"牛家庄"；明洪武六年

图 2-9　牛庄太平桥

（1373），明太祖设牛庄驿站，改名"牛庄"；清天命八年（1623），皇太极督修牛庄城池，设章京率兵驻防；清天聪三年（1629），皇太极亲视牛庄；清顺治十八年（1661），牛庄开埠建港；清康熙二十一年（1682），清圣祖设三叉河巡检，称牛庄巡检，同年，清圣祖到沈阳两陵祭祖，在牛庄驻跸；清道光二十八年（1848），修太平桥；清咸丰八年（1858）清政府同英政府签订《中英天津条约》，把牛庄定为通商口岸之一；清咸丰十一年（1861），英国在牛庄设领事馆；清光绪三十二年（1906），关东地区第一个邮电局设在牛庄。

牛庄位于海城市西部，背靠太子河、东临海城、北依鞍山市、西接盘锦市、南与营口接壤，是一座历史悠久的古镇，亦是东北地区最早开放的商埠。它的崛起，源于商埠码头的建立，而它的衰落，亦因商埠码头的停滞。2008 年，牛庄被评为"全国历史文化名镇"；2015 年，又被授予"第三批全国特色景观旅游名镇"荣誉称号。[①]

五、魏晋南北朝时期

石佛寺朝鲜族锡伯族乡与锡伯族民居

石佛寺朝鲜族锡伯族乡，现位于辽宁省沈阳市北郊 30 千米处，这里是关东地区锡伯族的发祥地之一，历史悠久，现存有大量文物古迹。最为典型的是坐落于七星山上的一座有十尊石佛的寺庙——

[①] 贾知梅.牛庄曾是"东北第一港"[N].辽宁日报，2018-10-17..

石佛寺，原庙建于北魏拓跋氏时期，毁于历代战乱之中，现在的寺院是在原址上恢复修建的，建筑面积达600平方米，配有三层殿，东西厢房，佛教用品流通处和居士楼等。

石佛寺朝鲜族锡伯族乡是历代水陆交通之咽喉，军事要塞，遗留下来许多军事方面的遗址和遗迹，成为该地区的特色之一。同时这里也是锡伯族的聚居地之一，锡伯族文化源远流长，村域内历史遗存众多，文化底蕴丰厚，村庄建筑具有明显传统锡伯族村落的特征，这也是其独有的特色。

图 2-10　石佛寺城址保护碑

六、隋唐时期

东宁县团结村平民居住址

东宁县团结村平民居住址位于黑龙江省牡丹江市东宁县团结村北边的大肚川河右岸台地，面积达到上万平方米。在 1977 年的发掘中，发现房址皆为长方形半地穴建筑，灶靠西壁中部或南部，与火炕连通，炕面用石板铺盖，下面一般有两个烟道。屋门开于南壁正中，由阶梯式门道通向门外。

《隋书》记载靺鞨"地卑湿，筑土如堤，凿穴以居，开门向上，以梯出入"，《括地志》记载靺鞨"其人处山林间，上气极寒，常为穴居，以深为贵，至接九梯"。东宁县团结村平民居住址与史书记载极其相符，其中"以梯出入"和"至接九梯"，表现为土筑台阶和门道。[①]

七、辽金元时期

大连瓦房店市复州城镇

复州城位于辽宁省瓦房店市，是古代社会辽东半岛上的海防重镇，历史悠久，自西汉建立以来至民国十四年（1925）一直是州府县治所在地。城内名胜古迹众多，有水丰塔、横山书院、清朝复州

[①] 张博泉，魏存成. 东北古代民族·考古与疆域 [M]. 长春：吉林大学出版社，1998.

城守尉旗署、历代知州衙署，以及已有400多年历史的明代龙爪古槐等文化古迹。

复州古城兴建于辽兴宗时期，至今已有近千年历史，初为土城，明永乐四年（1406）改为石城，清乾隆四十五年（1780）改筑砖城。现存复州古城有三个门，东门通明门，北门镇海门，南门迎恩门，现残存古城东门以及其北行的古城墙断壁。2007年，复州城镇被列为辽宁省第一批历史文化名镇。

八、明清时期

新宾肇氏满族民居

肇宅位于辽宁省抚顺市新宾满族自治县上夹河镇腰站村，这里是清皇室肇氏家族聚居地，肇姓的老姓为爱新觉罗，他们与清太祖努尔哈赤有同一个祖先。

肇宅具有典型的满族民居特色，院落为三合院，面积较宽，整个宅院布局简单，除了正房及厢房之外，还布置有院墙、苞米楼、索伦杆等。庭院纵向距离较大，使厢房不挡正房，而正房则建成坐北朝南的形式以保证光照充足。在院落的东南角，竖一根高3米左右、碗口粗细的索伦杆。院东西两侧，建有楼式"苞米仓子"，楼上存放苞米棒子，楼下放车辆农具等物。"口袋房，万字炕，烟囱立在地面上"，极其生动形象地概括了肇宅的建筑特点。正房平面为三开间，不对称布局，坐北朝南，满族人讲究长幼尊卑的等级差别，遵守着"以西为尊，以右为大"规则。

肇宅在最西侧的南向开门，卧室空间占两个开间，均开口于一端，形如口袋，故称"口袋房"；西侧一间称作"外星"或"灶间"，为厨房，置有锅台及饮食用具；东侧为"里星"，作为卧室，环室三面筑火炕，南北炕通过西炕相通，平面呈"U"字形布局，俗称"万字炕"。肇宅的烟囱体现了满族民居的特性，采用脱开房屋设置的独立形式，用地上的水平烟囱与建筑连通，这一建筑方式被称为"跨海烟囱"，烟囱置于山墙侧面，基部距离山墙2米左右。肇宅的立面分三段，台基、墙身及屋面，其中屋面与墙身所占比例大致相当，显得建筑敦实厚重。建筑中没有为了装饰而装饰的构件，风格稳重。屋面采用青砖灰瓦，外观上总体色调灰暗，只是在门窗部分用一些红颜色点缀，显得建筑朴素优雅，硬山星顶，上置小青瓦仰面铺砌，两端做三境合瓦压边，以减去单薄的感觉，屋脊全部为实体，造型简洁。前檐墙大部分面积为门窗，仅窗下墙及两窗间使用砖墙，其他则用木装修隔挡，窗与实墙，木材与砖石对比非常

图 2-11
口袋房

强烈；后檐墙开窗较少，大部分满砌砖墙；两山墙均为实墙，采用典型的五花山墙的做法。前后檐墙及山墙由砖石砌筑的部位均将木柱包在厚厚的墙体之内。墙身的窗下勒脚部分用青砖砌筑，房屋前檐墙的东侧，有一凹龛，是用来供奉佛陀妈妈的。

肇宅的木构架体系为五檩五柱的"檩柱式"的梁柱结构体系。建筑的外墙虽不需承受屋面重量，但是出于防寒保温需要，仍做得很厚重，为400毫米左右，内隔墙以秫秸抹泥。屋顶呈折线起坡，但略缓，以适应关东地区夏季少雨、冬季覆雪的气候特征。

中国传统村落文化抢救与研究
文化区系列

第三章

Chinese Traditional Villages

关东传统村落的物质文化景观

第一节
聚落景观

《汉书·沟洫志》记载："或久无害，稍筑室宅，遂成聚落。"人类聚居和生活的场所被称为聚落，聚落大体上分为城市聚落和乡村聚落。本部分重点讲述乡村聚落。乡村聚落具有聚落的普遍特征，即是人们进行各种社会活动如居住、生活、休息以及生产活动的场所。

谈及关东地区乡村聚落的研究，必然会提到二道井子遗址，该遗址坐落于赤峰市红山区文钟镇二道井子村打粮沟门自然村北部的山坡之上，是关东地区一处著名的聚落遗址，具有淳朴的文化内涵。二道井子遗址建筑保存完好，还有环壕、城墙、院落、房址、窖穴、道路、墓葬区等，这些要素使得二道井子成为一个完整的聚落遗址，这也是目前为止我国发现的保存最完好的夏家店下层文化遗址，有人称它为"东方的庞贝城"。尤其是遗址中房址数量繁多，结构独特，并且在同一位置重复建筑，数层叠压，房址内外活动面保持极好，这些都为了解当时的社会结构、聚落形态、埋葬习俗、建筑技术，研究同一遗址不同时期的聚落形态变化，探究当时的经济形态、自然环境和人地关系等提供了极为宝贵的基础资料和翔实可靠的实物证据。

第三章 关东传统村落的物质文化景观

图 3-1
窗户纸糊在外

因关东地区奇特的自然条件、地理位置和文化情况，形成了独具生产生活特色的文化景观，流传广泛的"关东十八怪"，具体内容如下：

第一怪：窗户纸糊在外

因为关东地区冬季气温较低，大多数为 -30℃—-40℃，人们就在窗户外面贴上一层窗户纸，作为分隔冷热空间的工具，防止室内外温差过大，还可以保护木制窗框不受雨水腐蚀和风吹日晒，延长窗户的使用寿命。

第二怪：草苫土房篱笆寨

昔日用"草苫土房篱笆寨"来描述关东居民的房屋和庭院。房屋最简单的原材料是用抗腐烂的草，加上黄土和泥浆做成坯，房子和墙壁的保暖性能好。房屋主体建成后，从附近的山林中砍下细木，在房屋和开放空间种下，形成一个简单的庭院。

图 3-2
草苫土房篱笆寨

第三怪：烟囱贴在山墙外

在古老的关东家族中，把烟囱固定在山墙外是一种常见的做法。烟囱一般是用泥坯做成的。为了使室内保持在较高的温度，烟囱大多建在山墙附近，但也有一些烟囱在施工过程中直接暴露在室内，还在烟囱上安上"插板"（通常用铁片）。在冬天，为了确保火炕可以热到第二日的黎明，通常睡觉前还要再烧一次炕，生烟出得差不多了，关上"插板"，这样火炕能一直热到天亮。

图 3-3
烟囱贴在山墙外

第四怪：除病驱邪萨满舞

萨满教是包括满族在内的关东地区少数民族的主要信仰。在他们的理解中，萨满既可以与人沟通，也可以与神沟通，拥有普通人所不具备的技能，也在口口相传中镀上了一层神秘色彩。满族的萨满分为氏族萨满和职业萨满，氏族萨满也叫家萨满，职业萨满也被称为野萨满。除病驱邪的主要是野萨满，他们有完整的长袍和仪式，戴着铃铛，拿着鼓，模拟各种动物的动作来舞蹈。

图 3-4
除病驱邪萨满舞

第五怪：火盆上炕烤老太

在过去，关东地区冬季取暖的必要设备是火盆、火炕、火墙等。在寒冷和漫长的冬季，普通的日常用火很难满足人们对温暖的需求，所以早晚要烧木头或者玉米瓢子之类硬柴，然后将炭火放在火盆里取暖。火盆一般也是就地取材，用黏土做成口大底小呈圆形的器皿。火盆的制作非常简单，很容易移动，不会太热，效果很好。

图 3-5
火盆上炕烤老太

第六怪：百褶皮鞋脚上踹

百褶皮鞋是靰鞡，也叫作乌拉，它是一种用牛皮或者鹿皮缝制而成的特殊的鞋子，最初是由满族人发明和穿的。有些鞋帮和鞋底是用一块皮革做的。鞋的正面打了褶，还缝了穿鞋带的耳子，鞋面可以盖住脚背。鞋里面覆盖着一层靰鞡草，柔软温暖。这种鞋是以靰鞡草命名的。在关东地区这种鞋曾经很流行，尤其是那些开大车的人更喜欢穿。

图 3-6
百褶皮鞋脚上踹

第七怪：双腿没有单腿快

类似"双腿没有单腿快"的还有"马拉爬犁比汽车快"等，这些说的都是和冰雪有关的"怪"。关东地区气候寒冷，进入冬季后，河水结冰，到处都是雪，交通不便。在这种自然气候下，人们利用"马拉爬犁"这种特殊的交通方式来解决出行问题。"双腿没有单腿快"是一种儿童冰雪娱乐活动。大人们想出了各种各样的滑雪运动来帮助他们的孩子度过漫长的冬天。成年人利用简单的木头和小铁块做成了小爬犁和划子。在各种有趣的冰雪运动中，他们度过了一个又一个漫长寒冷的冬天。

图 3-7
双腿没有单腿快

图 3-8
冰上钓鱼单线拽

第八怪：冰上钓鱼单线拽

关东地区的河流又冷又冰的时候，当地人就根据当地的特点发明出了不同寻常的垂钓方法。凿冰捕鱼在关东地区有着悠久的历史。和夏季在河边钓鱼一样，将鱼线、鱼钩和鱼饵放到冰面下，根据每根线的蠕动情况来判断是否有鱼上钩。方式各有不同，有的在冰下撒网，有的则放在冰下吸引鱼儿进入设备，并定期破冰取用。

第九怪：大姑娘上树比猴快

在采收山货的季节，生活在山林中的人们会成群结队地进入山林采集山货。在关东，许多女孩从小就会跟随大人进山采摘山货，日积月累地练就了一身爬树的本领，甚至一些女孩爬树的技巧和勇气让很多男人感叹。

第十怪：大碗白酒轮着喝

大碗喝酒的习惯，与关东过去的气候和关东人的性格有关。冬天，忙碌一天的人们盘腿上炕，热一壶酒，大碗喝酒、大口吃肉是消除疲劳的最好办法。在过去，关东人赶车出远门儿，也会随身带着白酒，喝上一口白酒祛寒暖身。

第十一怪：嘎啦哈姑娘爱

嘎啦哈是满语的发音，是一种用猪、牛、羊的蹄骨和一只装着粮食或沙子的布袋来进行的游戏。在口袋上抛的过程中，以用手翻动和抓取嘎啦哈的多少和同时接住掉落的口袋作为输赢的标准。有许多花样，几个人一起玩，妙趣横生。在过去，嘎啦哈不仅是女孩们的最爱，更是许多人在寒冷的冬天参加的重要娱乐活动之一。

图 3-9
嘎啦哈姑娘爱

第十二怪：女人叼个大烟袋

烟袋曾经是关东人的生活必需品。关东地区的老人说，当他们去山里采山货的时候，山里有很多蚊虫，蚊虫不喜欢烟的味道。当他们进入山区时，就用这种方法熏蚊子。女人叼烟袋与过去生活环境有关。女孩要为家里的老人点烟袋，需要就着火盆，抽几口，点燃了烟袋，再递给老人，这样就学会了。现在烟袋已经随着时间的流逝，慢慢消逝于历史长河中，叼烟袋的场景也不复存在了。

第十三怪：养活孩子吊起来

"养活孩子吊起来"，就是指睡悠车。悠车是用桦皮和木板制成，形状像船，长一米多。这种习俗起源于狩猎时代，父母都外出打猎，为保证孩子安全，将孩子置于皮袋中挂在树上，后来演变为悠车。如今，随着环境的变化和生活水平的提高，这种养孩子的方式也逐渐销声匿迹了。

图 3-10
养活孩子吊起来

第十四怪:年节喜庆吃豆包

"腊月到,蒸豆包,热气冒,香味飘",说的就是关东的黏豆包,它看起来像一个元宵,大小像鸡蛋一样,金黄色泽,有一定的黏度,象征着每一个家庭小日子团圆和幸福,所以新年每个家庭都要蒸几锅。黏豆包由大黄米(学名糜子)面制成。小黄米和黏玉米粉也可用于制作豆包,但不像大黄米那样正宗。关东人吃黏豆包要冻起来,什么时候想吃,用蒸锅加热,黏豆包更筋道,更美味。吃黏豆包可以蘸白糖,抹蜂蜜,放在热酸菜汤上吃,甜口,清香暖胃。有一句老话说,"顺垄沟找黏豆包吃",这意味着只要辛苦耕作,就可以过上美好的生活。

图 3-11
年节喜庆吃豆包

第十五怪：上贴饼子下炖菜

有一种烹调方法是上贴饼子下炖菜，有些地方也叫一锅出或铁锅炖。锅里又炖菜又烀饼子，菜炖在锅底，饼子贴在锅边。大多数锅里有排骨、豆角、土豆，铁锅的四周贴上玉米面的饼子。材料很丰富，味道正宗。豆角绿绿的，土豆块已经被炖得绵绵糯糯，入口即化，而排骨吸收了蔬菜的味道更是美味。当然，主菜也可以根据自己的口味变换成鱼、牛肉、鸡肉等。你也可以在锅边放一圈白面小花卷，特别好吃。如今，关东地区的烹饪方法已经走出乡村，进入城市。

第十六怪：家家户户有酱缸

过去在关东农村，每家都有酱缸，缸口用白色的布或者豆腐布盖着，边角都系上红布条拧上螺丝帽，最后再用"酱缸帽子"盖上。关东的酱在制作过程中，从选料、烀豆、做成酱块子、存放、下酱、打酱缸等，都有许多讲究的细节。每家的酱味道都不一样，一个人做酱一个味儿，但共同的特点如童谣唱的那样，"烀黄豆，摔成方，缸里窨成百世香；蘸青菜，调菜汤，捞上一匙油汪汪"。

第十七怪：不吃鲜菜吃酸菜

关东地区的冬天又冷又长，新鲜蔬菜很难保存。因此人们秋天买很多白菜，其中有一小部分是用来当作新鲜蔬菜吃的，其余的大部分是用来腌渍成酸菜，留着冬天吃的。在过去关东城市和农村地区，几乎每个家庭有一个酸菜缸。近年来，由于楼道卫生、防火等方面的问题，加之蔬菜品种常年丰富，城市的酸菜缸已经很少见了。酸菜味道鲜美，制作方式多样，是关东特色菜之一。

第十八怪:南北大炕对脑袋

在过去,关东人的家一般是南北大炕。炕的主要用途是睡觉、吃饭、招待客人和取暖等。这是一种节省柴火,确保冬季房间有足够温度的方法。有时祖孙几代都睡在一个屋里的南北大炕上。一般长者睡在朝阳的南面炕上,而年轻一代则睡在背阴的北面炕上。睡觉的时候,南北炕上的人都是头朝外,所以有着"南北大炕对脑袋"的说法。如今,农村新的供暖方式多种多样,火炕也越来越少。

图 3-12　南北大炕对脑袋

19世纪以后,中原地区连年遭受自然灾害,战事频繁。人们为了生计闯入关东,这就是历史上的"闯关东"。大量关外人员的进入对关东地区的聚落产生了巨大的影响,各具特色的文化传统也被带到了关东地区,为丰富和深化关东地区的文化内涵发挥了十分积极的作用。

第二节 村落景观

一、村落布局及其影响因素

关东地区的村落具有不同的平面形态,习惯上称为乡村。经济活动的基本内容是农业,受经济、社会、历史、地理等诸条件的制约,关东地区的村落布局较多呈现散漫的特点,偶有年代久远的团状聚型村落。

(一)地理环境影响村落布局

地理环境对村落的影响十分明显。关东地区中心为松嫩平原,总体地形上基本呈现周边高中间低的特点,松嫩平原位于东北平原北半部,西、北、东三面环山。关东地貌格局近似于马蹄状,地势较为平坦的平原地区村落较为集中,规模较大,住宅排列有序,形态多为团状，经过长期的演变，最终形成集镇或者城市，尤其是辽宁中部的平原地区，形成了密集的城市群，范围包括沈阳、鞍山、抚顺、本溪、营口、辽阳、铁岭和阜新等 8 个城市，总面积 65040 平方千米，占全省的 44%，是世界上特别是东北亚地区少有的都市密集区。

山区的乡村聚落，多依山而建，高矮参差，这也成为关东山村的一大特色。而且关东山区的许多住宅就近取材，多用石料建筑，形成关东地区特有的村落外观，一般规模较小，且住宅排列受到山体走势等影响杂乱无章，聚落数量较少。特色村落如满族的赫图阿拉村，地处长白山系边缘，龙岗山南脉地带，环抱国家 AAAA 级景区赫图阿拉城，全村林地面积 1866.7 公顷，森林覆盖率 73%，清澈的苏子河水自东向西穿流而过，山清水秀，环境优美，旅游资源丰富。赫图阿拉城有着深厚的满族历史文化底蕴，始建于明万历三十一年（1603），作为后金开国的第一都城，也是中国历史上最后一座山城式都城，更是迄今保存最完善的女真族山城，是后金政治、经济、军事、文化、外交的中心。

（二）降水影响村落布局

各个地区降水量的大小会直接影响到村落布局，主要是影响聚落建筑形态，这在乡村聚落中反映最为明显，关东地区大概范围在东经 120° 至东经 135°，北纬 38° 至北纬 56°，是我国纬度最高的区域，冬季寒冷干燥，夏季高温多雨。一般来说，在辽宁降水较丰富的地区，聚落住宅多为斜顶，有利于雨水下流，越向南屋顶坡度越大。而在黑龙江、吉林等地的乡村聚落，为了抵御寒冷漫长的冬季，聚落住宅的屋顶坡度较小，甚至有些地区的屋顶都是平的，可以用来晾晒谷物。此外，因关东地区降水相对较少，屋顶出檐较短，屋檐口向外挑出较少。

（三）气温影响村落布局

气温对村落建筑坐落和朝向影响较大，进而影响村落布局。就合院式民居而言，关东地区多为分散式，聚合式民居较少，因为东北、华北气候寒冷，冬天日照角度小，为了争取较多的阳光，故分散房屋，加大院子，以增加阳光接触面，延长日照时间。关东地区的村落很注重房屋的朝向，多为坐北朝南。由于关东地区冬季盛行偏北风，为了避免寒风的侵扰，避风的墙壁往往不开窗，门窗多朝南开。

（四）水源水体影响村落布局

水草丰茂、土地肥沃，利于农业生产的河谷两岸或低山、浅丘地带，一直是人们安居乐业的地理首选。临水而居或近水而居成为村落在区域地理分布上的显著特点。基于特殊的自然环境、历史时期，农村聚落的形成和拓展经历了黄河中游黄土高原—黄河中下游冲积平原—长江中下游冲积平原—沿海地区和边远地区的发展进程。在以土地耕种为主要生产方式的农业社会，技术水平的提升和耐旱农作物的引进一方面促进了沿海、边远地区的土地垦殖，另一方面则加深了传统农业区的精耕细作。在适宜人居与农业耕作的优势地理环境中，人们经世累代、繁衍生息。这里也逐渐成为稳定的聚落地带，进而呈现出总体上平原低山地带聚落稠密、高原边远地区聚落稀疏的局面。

关东地区的村落一般尽量靠近水源，特别是有方便清洁生活用水的地方，故村落多沿河流两岸、湖泊四周分布。关东地区有黑龙江水系、松花江水系和辽河水系三大水系，有黑龙江、嫩江、松花江、乌苏里江、辽河、图们江和鸭绿江七大河流。聚落分布明显受到用水的影响，在水源供给充足、水网稠密的地区，聚落比较集中，规模较大。在水源供给匮乏、水网稀疏的地区，尤其是山区，聚落比较分散且规模较小，一般分布在山麓和开阔的河谷平原。

影响乡村聚落景观，尤其是村落布局的因素除自然地理环境外，还有社会经济文化因素的制约，如农业生产方式、经济发展状况、传统风俗习惯、社会文化背景等。总之，影响乡村聚落的因素是多方面的，任何乡村聚落的形成、发展乃至衰亡都是某种主导因素与其他多种因素共同作用的结果。

二、村落风格

村落，尤其是传统村落，是指拥有物质形态和非物质形态文化遗产的，具有较高历史、文化、科学、艺术、社会、经济等价值的村落，它们承载着中华民族传统文化的精粹，体现着独特鲜明的农村特色，是农耕文明不可再生的文化遗产。

早期人类的聚居地一般都选择在地形、气候等自然条件比较优越、自然资源比较丰富的地方。随着人类利用和改造自然的能力不断提高，人类活动的区域不断扩大发展，由热带、温带甚至扩展至寒带，逐渐创造出不同形式的聚落环境。

一般来说，关东地区乡村聚落具有农舍、牲畜棚圈、仓库场院、道路、水渠、宅旁绿地，以及特定环境和专业化生产条件下的附属设施。较小村落一般无服务职能，中心村落则有小商店、小医疗诊所、邮局、学校等生活服务和文化设施。随着现代城市化的发展，在城市郊区还出现了城市化村这种类似城市的乡村聚落。

第三节 建筑景观

聚落，通常指固定的群居地点，但也有一定的流动性，如游牧蒙古包。聚落景观由建筑、结构、道路、绿地、水源等物质要素构成。规模越大，构成元素越复杂。其中，民居是聚落景观中最重要的一种，它的形态因为生活方式的不同而有所变化。

聚落中的住宅建筑是由当地居民为适应当地自然环境和便于从当地获得建筑材料而创造的。它们不仅具有明显的时代特征，而且具有明显的地方色彩。由于关东地区气候寒冷，一般建有厚壁房屋和带防火墙的炕房。此外，该区域风沙比较大，因此居民们更多考虑建筑物的防风防沙功能。

一、建筑选址

研究乡村建筑的选址，需要了解乡村建筑周边的文化环境和内部文化格局，只有这样才能找到该地区民居形成和发展的根本原因。关东地区由于资源、气候、文化等形成的自然村落持续了很长一段时间，每个村庄少的有十几户人家，多的甚至有几百户人家。村庄和村庄之间相距数千米，甚至数百千米。鉴于关东地区当地的自然地形和气候特征，关东地区住宅用地布局主要有以下两种基本形式：

（一）山环水绕，依山就势

这种类型的选址大多在坡度平缓的南坡。它靠近水源，建筑分散。此外，大多数房屋是家族组团式格局，共用水井、打谷场和牲畜等。

（二）平坦地势，靠近水源，趋利避害

这种类型的选址位于平坦开阔的平原上，在那里可以耕作和放牧。朝鲜族和蒙古族的聚落选址大多位于这些地区。住宅呈行列式布局，根据村庄的大小，有一条或几条主干道，规划成井字形，基础坚实。聚落周围有河流，保证了充足的供水；聚落周边有广袤的土地，农作物种植面积大，耕地靠近民居，可以缩短交通距离，方便照看农田。游牧民所选择的地理位置靠近资源，大多数的游牧民居都是沿着牧场和水源迁移的。或使用易于建造和拆卸的蒙古包，

便于游牧民族进行放牧。

二、功能布局

关东地区位于中国东北部,是中国纬度最高的平原地区,冬天漫长又寒冷,夏季时间较短且潮湿。由于北面毗邻西伯利亚东部,冬季是同纬度地区最冷的,夏季受低纬度海洋湿热气流的影响,气温高,年温差大。为了适应这一地域特征,关东地区住宅建筑类型主要体现在以下几个方面。

(一)规模稀疏,大多以庭院为主要建筑

面对关东地区漫长而寒冷的冬天,人们最需要考虑的是保暖。另外,日照时间一般较长,太阳的辐射强度较大。充分利用这一特点,用来满足防寒保暖的需要。关东地区住宅建筑布局宽松,使个别建筑获得更多的阳光。正房的主体建筑物一般朝南。从太阳高度和光照时间的角度来看,关东地区朝南的房间具有冬暖夏凉的优势。因为关东地区大多是平原和平坦的地势,东北部的房子大多有庭院。这种庭院布局是封闭的,但也有开放式的。露天庭院能充分调节气候,在冬季,它能有效地抵御风沙,夏季能遮阳避暑,减弱恶劣天气的入侵。

（二）布局整齐

从建筑形态上看，关东地区住宅建筑紧凑、低矮、整洁。平面形式通常是一个水平矩形，屋顶是以硬山形式呈现。从体型系数来看，低、密、实的形态有利于减小外护结构的表面积，且表面积越小，室内外冷热交换越少。水平矩形的平面形式完全是由于在冬天南面的房间可以接受更多的阳光。平坦屋顶的热损失小于硬山，这仅取决于体型系数。可是，考虑到雨雪等气象因素的影响，硬山更适合关东地区的地理环境。首先，硬山属于倾斜的屋顶。这种屋顶形式有利于消除雨水和雪水，避免屋顶渗漏，同时也减轻了屋顶的负荷。其次，硬山的坡度相对平缓，因为雪本身具有一定的保温效果，这有利于保护住积雪，增强屋顶在严寒冬季的保暖效果。

（三）多元文化的交流

渔猎文化和农耕文化受关东村落的建筑形态影响最大。渔猎文化在关东地区起源比较早，并持续了很长一段时间。早在周朝，长白山地区的肃慎部落就开始从事渔猎活动。据《三国志·魏书》记载："其弓长四尺，力如弩，矢用楛，长尺八寸，青石为镞，古之肃慎氏之国也。善射，射人皆入目。矢施毒，人中皆死。"为了适应渔猎生产的生活方式，他们冬天穴居、夏天巢居或逐水草而居，这种居住方式的最好的例证就是莺歌岭遗址中的半地穴式屋址。另外，在大兴安岭和小兴安岭地区，生活着的达斡尔族、鄂温克族、鄂伦春族和赫哲族，一直延续着渔猎生活方式，直到新中国成立前后。

游牧文化其分布区域主要包括黑龙江大兴安岭的南部和北部、吉林西部和西北部、辽宁西部等地。先秦至宋初,在这一地区开展活动的民族主要有东胡、乌桓、鲜卑、契丹、室韦、蒙古等。他们最重要的谋生手段就是牧马。他们以"俗善骑射,随水草放牧,居无常处,以穹庐为室,皆向东。日弋猎禽兽,食肉饮酪,以毛毳为衣"而著称。达斡尔族、索伦族等其他民族也多为"居就水草,转徙不时","以穹庐为室"。可以看出,"穹庐"式居屋是北方游牧民族为适应自然环境,根据生产需要建造的一种可移动的帐幕式住房形式。以鄂伦春族为例,他们住在一个俗称"仙人柱"的由几十根木棍组成的圆锥形帐篷里。夏天,用桦树皮覆盖,而冬天,则在顶部和周围紧紧包裹着兽皮。

图 3-13
仙人柱

农耕文化在早期关东地区也有出现,新石器时代的兴隆洼遗址就是可靠的考古证明,该遗址发现了一个由一排排房址组成的完整聚落,表明定居农业的萌芽在当时已经出现。由于交通便利,中原文化区也就成为先进技术文化传播的先驱。关东地区腹地辽阔,地形平坦,良好的土壤和气候条件适宜农作物生长。在历史条件下,关中汉族移民大规模迁徙,深入关东腹地,从事农业开发,传播中原先进文

图 3-14　聚落房址

化，加速了关东本土文化的转型。[①]

火炕的使用使关东先民的生活方式发生了巨大的变化，由原来的地下洞穴、半地下洞穴演变为完整的地面居住形态，对人类居住文化的发展具有重要意义。元明时期，由于女真人不断南迁，逐渐与汉民族融合，渔猎文化随之继续与农耕文化紧密联系，从而演变为农耕文化，产生"文化变迁"现象，同时在与汉民族的紧密接触中，他们的建筑风格深受汉族建筑文化的影响。

三、建筑特色

通过对关东地区民居建筑形式的调研分析，从中可以总结该地区民居特点：

（一）立面简洁，不设置大量的立面凹凸造型及深远的挑檐，从而减少其所形成的阴影面积；

（二）建筑颜色基本以灰白为主，整体给人典雅、朴实的感觉，这种颜色的选择除由就地取材的材料所决定外，还为了有利于太阳辐射的吸收；

（三）建筑形体规整，基本反映出的形体为简单形体或组合，如长方形、圆柱体、圆锥体等。

---

① 韦宝畏.从地域文化演进看东北民居建筑文化的变迁[J].兰台世界，2015（9）：22-23.

四、建筑材料

关东地区可使用的建筑材料种类丰富，从辽河流域一直延伸到黑龙江流域，由于地理条件不同，可供使用的建筑材料也随之改变。明清时期，辽西地区用石头建造的建筑越来越多。吉林省中部和西部的许多房屋是用夯土筑墙而成的。在吉林省东部山区、黑龙江省寒冷山区，由于林业的发展，提供了许多建筑材料，其中木结构的房屋，尤其引人注目。喜欢用桦树皮建房的有赫哲族、达斡尔族、鄂伦春族等。以赫哲族为例，"赫哲人无庐舍，以木为架，复以茅或盖桦皮，四周亦以木皮裹之，大如一间屋，数口栖居于中，谓之曰磋落，居无定处，或一月一迁，或终岁数迁。移动时，男妇数人负之而去。但近年亦有居室矣。"[①] 关东地区的渔业虽然发达，但却没有南方那样的水上人家。然而，赫哲族在生活习惯方面近乎水上人家，飘忽不定，建筑材料的选择不仅是由于自然供给，也有生活的物质条件和对战争的需要，随着时代的发展和社会的稳定，一些赫哲族居民开始适应固定的生活。到了清朝，各个部落开始逐渐固定自己的生存环境，"渐能作室，穿庐之多，不似旧时，风气一变"。随着社会历史的不断发展，到明清时期，由于中原文化的不断深入，关东地区的建筑风格日趋成熟。

（一）木质

关东地区的长白山和大小兴安岭盛产木材，因此在当地木材基

---

① 张伯英.黑龙江志稿[M].哈尔滨：黑龙江人民出版社，1992.

本上是不会短缺的，但是在木材的加工方面，工艺却没有中原地区丰富多样，历史久远。然而北方居民的粗犷朴素，却造就了独特的建筑美学。

"用桦皮盖屋"就是在建造初期使用桦木做建筑的基础骨架，再用桦树皮将其覆盖。鄂温克族居住的"乌日格柱"与蒙古族的蒙古包极其相似，他们将有弹性的柳条作为骨架，再蒙上兽皮，同时上方有一扇窗，用于通风。夏天去掉兽皮让里面的水分快速蒸发。基于原始建筑的选材，木结构可以说是最自然的一种，同时，材料也是最低廉的。它始终与环境相协调，在季节的变换中，基本能做到冬暖夏凉。如果用现代科学所理解，就是节能、低碳、环保。木材的设计随着生产技术的发展，更加灵活化、多样化，且在艺术上有着自己独特的技术表现手法。

古往今来，木材始终是节能型和环保型的建筑材料。建筑的斗拱及榫卯结构是传统中国木结构建造艺术的主要表现。中原的斗拱技术极大地影响了关东民居的建造技艺。早在战国时期就已经有了斗拱技术，汉代以后斗拱技术得到全面发展，除直拱之外还出现了人字拱和单层拱。挑梁、斜撑技术也得到了全面发展。斗拱技术反映了古代中国人对力学的深刻理解，并体现了合力和分力在木结构中的作用。就像水墨山水画，斗拱的层层叠加，使建筑作品变得厚重。中国古代建筑体现了先民对力学认识的过程。隋唐时期，中原地区已经出现了大量木塔，但却在 10 世纪后期才有所变化。宋金之战后，南北文化的交融已经远远超出唐朝时期。

在辽河流域，人们接受了中原文化，深刻理解木材的深加工，了解油漆和雕塑，将其广泛用于建筑，木结构房屋和木瓦结构逐渐融合在一起，以吉林市乌拉街满族镇的建筑为例，它们与中原建筑都没有形成差异。木结构建筑是关东地区的主要传统建筑形式，用料方便，抗风耐寒，真实地记录了当地历史文化的变迁。早期，中国关东地区只有少数中原人在那里定居，人们需要的不仅是生存意义上的庇护所，还有精神上的寄托和鼓励。在满族、鄂温克族、鄂伦春族共同生活、尊重祖先的意识影响下，建筑的空间序列表现出对"万物有灵"的崇拜。

（二）土壤

建筑，是人类文明和智慧的结晶，默默地诉说着每个民族的历史和辉煌。传统思想文化在各民族建筑中都有深深的烙印。梁思成先生曾说："建筑这本石头和木头的史书，忠实地反映着一定社会之政治、经济、思想和文化。"中国历史文化在中国传统的民居建筑和环境见证下不断发展着。关东民居的主要特点是泥墙草顶，说到泥墙，尤其值得注意的是吉林省中西部的碱性土壤。碱土是黑棕壤的俗称，这种碱土具有黏稠、易团聚、硬度高、不易吸湿、不易长草等特点。春天，在墙壁涂上一层碱土，以防止雨季到来时雨水对房屋的侵蚀。碱土还可以用来制作土坯，在制作过程中，将草加入碱土中，使碱土更加坚实。碱土不容易龟裂，可塑性极强。与黄土相比，碱土还可以在宗教活动中用来制作偶人。碱土材质不一，一种是来自沼泽地，适合于雕塑，一种是来自平原，是建筑的主要材料。我国碱土地区的分布范围很广阔，主要分布地区为松嫩平原、内蒙古北部和东部，山西范围沿长城各地亦可看到。这里将研究范围大致集中在吉林省松嫩平原上使用碱土的住宅。碱土住宅是当地居民以碱土为主要建筑材料，在碱土平原上建造的一种住宅形式。

碱土在关东地区建筑史上有着深远的意义。除了木材以外，这些土壤也可以作为很好的建筑材料。当然如果土壤只是一堵墙，那意味着建筑艺术没有得到发展。

土壤的最终产物之一——烧砖，也来自中原文化。烧砖的生产和投入使用，给建筑的视觉艺术带来了巨大的变化。中国古代秦汉时期烧砖技术不断发展，尤其是形状较小的小条砖的出现，它可以灵活搭配，巧妙利用力学原理，更有利于建筑造型的精巧设计。为了让砖不跌落，人们开始研究砖和黏土中推力和承受压力的关系。东汉时期出现的"迭涩"砖结构砌筑方法，使得砖可以在有限的承受力的基础上，有效向外伸出。人们运用此技术彻底改造城墙、民居、庙宇、灵塔、桥梁，墙体从此由夯筑走向砖砌。

随着"抹灰"技术的逐步深入，砖砌体的要素也逐渐形成。在砌墙的过程中，要熟练掌握控制水平灰缝线，以及墙面的垂直和直线的要领。有些建筑歌谣提道："上跟线，下跟楞，左右相邻要对平；不亏线，不顶线，灰缝均匀成直线。"以此说明墙体砌砖的要领。衡量砌墙技艺的重要标志是控制水平灰缝，依附于大地的灰土砌筑城墙则是土壤利用的最高境界。

五、采暖方式

关东地区村庄的取暖方式多种多样，随着新农村建设的深入，许多村庄实现了集中供暖。然而，大多数传统村落的采暖方式仍然是火炕。

关东地区冬季寒冷、夏季炎热，温差非常大。特殊建筑结构的产生也正是因为这种地理特征。厚实的外围护墙是关东地区住宅建筑的一种特殊结构处理，已成为建筑保温的重要组成部分。但墙体厚度并非盲目一致，而是根据季风的特点来设置的。一般来说，北墙的设计厚度大于南墙的设计厚度，西山墙的设计厚度大于东山墙的设计厚度，这样做的目的是防止寒冷的西北风在冬天侵袭。室内隔断不考虑保温和承重的功能，因此比较薄。关东民居的门窗通常考虑布置在南面，避免北面的冷流，以此获得充足的日照，这是门窗加工的特点。①

满族传统民居南北有窗，南面的窗较宽，而北面的窗较窄，这样做主要是为了保暖通风。窗纸在窗外，既能防止大风将窗纸吹破，又能避免冷热交替导致窗纸粘贴不住而脱落。房屋采用双开门设计，有效地抵御寒风。关东民居基本上都采用火炕取暖。不管是汉族使用的南北炕，还是满族采用的万字炕，或者是朝鲜族的满屋炕，火炕让室内温度得到了有效的提高。在关东地区，尤其是满族民居，有一个鲜明的特点，烟囱建在山墙的一侧，并不是建在屋顶上。百姓称之为"跨海烟囱"。这种处理除了考虑屋顶的承载力外，还考虑到关东地区采暖时间较长，屋顶容易着火的问题。

差异性在居住文化的发展中有明显的体现。火炕的发明和应用可以作为关东地区住宅文化发展的一个重要标志。它完全地改变了极寒气候条件下人们地下洞穴或半地下洞穴的生活方式。它为地面建筑的发展创造了条件，对促进人们生活方式的进步起着重要作用。之后，火炕形状有了深入的发展和优化。从最开始的"四壁之下皆

---

① 牛笑.从类型学的角度看东北民居的发展[J].辽宁工业大学学报（自然科学版），2012，32（1）：46-48.

图 3-15
烟囱在屋外

设长炕",逐渐演变成南、西、北三面相接连的环形火炕,将锅灶与内炕连接起来,被人们称为"一把火"。

诚如《中华文化史》书中所描述的那样:文化并非诸成分的机械拼接,而是各要素有机组合的生命整体,是不断进行物质交换、能量转换、信息传递的动态开放系统。文化除了具有共时态的综合特征以外,还有历时态的积淀特征,且具有延续性和变异性的双重品格。这些特征与品格只有在文化的不断碰撞与吸纳之中才能得到完整、集中的体现。[1]

---

[1] 马天瑜,何晓明,周积明.中华文化史[M].上海:上海人民出版社,1990.

中国传统村落
文化抢救与研究
文化区系列

Chinese Traditional Villages
村落

第四章

关东传统村落的非物质文化景观

第一节
关东传统村落的非物质文化遗产概述

西方著名历史学者阿诺德·汤因比认为人类的希望在东方,而中国文明将为未来世界转型和21世纪人类社会提供无尽的文化宝藏和思想资源。汤因比也直言不讳地预言:未来最有资格和最有可能为人类社会开创新文明的是中国,中国文明将一统世界。他的著作《历史研究》,揭开文明兴衰的谜题,启发人类对未来道路的探索。在此书中他提出西方文艺复兴的历史时期,就是"破坏"与"建立"的时期,在那个阶段里西方社会打破了旧的文化、旧的制度,重新走向新的时间周期。现在的中国在5000年文明史的沉淀中也在进入这样的时期:"文化复兴"。"复兴"不仅仅是"恢复""重演",还可以打破。既然要重新梳理,就要以了解作为最先的课题,从社会群体最小单元——村落开始。此章节首先表述关东传统村落的非物质文化遗产,再讨论如何"打破"它及使之"重生"的问题。

一、国家级非物质文化遗产一览

国家级名录将非物质文化遗产分为十大门类,其中五个门类的名称在2008年有所调整,并沿用至今。十大门类分别为:民间文学,传统音乐,传统舞蹈,传统戏剧,曲艺,传统体育、游艺与杂技，传统美术，传统技艺，传统医药，民俗。表4-1为关东传统村落截至2018年12月国务院评定的国家级非物质文化遗产，其中黑龙江34项，吉林44项，辽宁67项，合计145项。

表4-1 关东传统村落国家级非物质文化遗产[①]

省份	序号	名称	类别	时间	类型
黑龙江	1	蒙古族四胡音乐	传统音乐	2008年	扩展项目
	2	唢呐艺术（杨小班鼓吹乐棚）	传统音乐	2008年	扩展项目
	3	森林号子（兴安岭森林号子）	传统音乐	2008年	新增项目
	4	鄂伦春族民歌（鄂伦春族赞达仁）	传统音乐	2008年	新增项目
	5	达斡尔族民歌（罕伯岱达斡尔族民歌）	传统音乐	2008年	新增项目
	6	达斡尔族鲁日格勒舞	传统舞蹈	2006年	新增项目
	7	评剧	传统戏剧	2011年	扩展项目
	8	皮影戏（望奎县皮影戏）	传统戏剧	2008年	扩展项目
	9	皮影戏（龙江皮影戏）	传统戏剧	2011年	扩展项目
	10	东北大鼓	曲艺	2006年	新增项目
	11	东北大鼓	曲艺	2008年	扩展项目
	12	东北二人转	曲艺	2006年	新增项目
	13	东北二人转	曲艺	2008年	扩展项目
	14	达斡尔族乌钦	曲艺	2006年	新增项目
	15	赫哲族伊玛堪	曲艺	2006年	新增项目
	16	鄂伦春族摩苏昆	曲艺	2006年	新增项目
	17	戏法（赵世魁戏法）	传统体育、游艺与杂技	2008年	新增项目
	18	剪纸（方正剪纸）	传统美术	2008年	扩展项目
	19	麦秆剪贴	传统美术	2014年	扩展项目

[①] 资料来源于中国非物质文化遗产网，个别项目信息相同，但申报单位和保护单位不同，故仍属不同项目。

续表

省份	序号	名称	类别	时间	类型
黑龙江	20	满族刺绣	传统美术	2014年	扩展项目
	21	满族刺绣	传统美术	2014年	扩展项目
	22	桦树皮制作技艺	传统技艺	2006年	新增项目
	23	桦树皮制作技艺（鄂伦春族桦树皮船制作技艺）	传统技艺	2008年	扩展项目
	24	赫哲族鱼皮制作技艺	传统技艺	2006年	新增项目
	25	鄂伦春族狍皮制作技艺	传统技艺	2008年	新增项目
	26	老汤精配制	传统技艺	2014年	新增项目
	27	中医传统制剂方法（枇杷露传统制剂）	传统医药	2014年	扩展项目
	28	中医传统制剂方法（老王麻子膏药制作技艺）	传统医药	2014年	扩展项目
	29	端午节（五大连池药泉会）	民俗	2011年	扩展项目
	30	鄂伦春族古伦木沓节	民俗	2006年	新增项目
	31	朝鲜族花甲礼	民俗	2011年	扩展项目
	32	鄂温克族瑟宾节	民俗	2011年	新增项目
	33	婚俗（达斡尔族传统婚俗）	民俗	2011年	新增项目
	34	婚俗（赫哲族婚俗）	民俗	2014年	扩展项目
吉林	1	满族说部	民间文学	2006年	新增项目
	2	陶克陶胡	民间文学	2011年	新增项目
	3	蒙古族马头琴音乐	传统音乐	2008年	扩展项目
	4	蒙古族四胡音乐	传统音乐	2008年	扩展项目
	5	森林号子（长白山森林号子）	传统音乐	2008年	新增项目
	6	蒙古族民歌（郭尔罗斯蒙古族民歌）	传统音乐	2008年	新增项目
	7	朝鲜族洞箫音乐	传统音乐	2008年	新增项目
	8	朝鲜族洞箫音乐	传统音乐	2008年	新增项目
	9	阿里郎	传统音乐	2011年	新增项目
	10	伽倻琴艺术	传统音乐	2011年	新增项目
	11	朝鲜族农乐舞（象帽舞）	传统舞蹈	2006年	新增项目
	12	鼓舞（乌拉陈汉军旗单鼓舞）	传统舞蹈	2011年	扩展项目

续表

省份	序号	名称	类别	时间	类型
吉林	13	朝鲜族鹤舞	传统舞蹈	2008年	新增项目
	14	朝鲜族长鼓舞	传统舞蹈	2008年	新增项目
	15	博舞	传统舞蹈	2014年	新增项目
	16	黄龙戏	传统戏剧	2008年	新增项目
	17	东北大鼓	曲艺	2008年	扩展项目
	18	东北二人转	曲艺	2006年	新增项目
	19	二人转	曲艺	2014年	扩展项目
	20	乌力格尔	曲艺	2006年	新增项目
	21	朝鲜族三老人	曲艺	2008年	新增项目
	22	盘索里	曲艺	2011年	新增项目
	23	朝鲜族跳板、秋千	传统体育、游艺与杂技	2006年	新增项目
	24	摔跤（朝鲜族摔跤）	传统体育、游艺与杂技	2011年	扩展项目
	25	满族珍珠球	传统体育、游艺与杂技	2008年	新增项目
	26	剪纸（长白山满族剪纸）	传统美术	2008年	扩展项目
	27	满族刺绣（长白山满族枕头顶刺绣）	传统美术	2008年	新增项目
	28	民族乐器制作技艺（朝鲜族民族乐器制作技艺）	传统技艺	2008年	新增项目
	29	民族乐器制作技艺（马头琴制作技艺）	传统技艺	2011年	扩展项目
	30	蒸馏酒传统酿造技艺（大泉源酒传统酿造技艺）	传统技艺	2008年	新增项目
	31	泡菜制作技艺（朝鲜族泡菜制作技艺）	传统技艺	2014年	新增项目
	32	中药炮制技艺（人参炮制技艺）	传统医药	2014年	扩展项目
	33	中药炮制技艺（人参炮制技艺）	传统医药	2014年	扩展项目
	34	中医传统制剂方法（平氏浸膏制作技艺）	传统医药	2014年	扩展项目
	35	春节（查干萨日）	民俗	2011年	扩展项目
	36	中秋节（秋夕）	民俗	2011年	扩展项目

续表

省份	序号	名称	类别	时间	类型
吉林	37	蒙古族婚礼（蒙古族婚俗）	民俗	2008年	扩展项目
吉林	38	庙会（北山庙会）	民俗	2011年	扩展项目
吉林	39	朝鲜族花甲礼	民俗	2008年	新增项目
吉林	40	长白山采参习俗	民俗	2008年	新增项目
吉林	41	查干淖尔冬捕习俗	民俗	2008年	新增项目
吉林	42	朝鲜族传统婚礼	民俗	2008年	新增项目
吉林	43	朝鲜族服饰	民俗	2008年	新增项目
吉林	44	婚俗（朝鲜族回婚礼）	民俗	2011年	新增项目
辽宁	1	古渔雁民间故事	民间文学	2006年	新增项目
辽宁	2	喀左东蒙民间故事	民间文学	2006年	新增项目
辽宁	3	谭振山民间故事	民间文学	2006年	新增项目
辽宁	4	北票民间故事	民间文学	2008年	新增项目
辽宁	5	满族民间故事	民间文学	2008年	新增项目
辽宁	6	锡伯族民间故事	民间文学	2011年	新增项目
辽宁	7	唢呐艺术（丹东鼓乐）	传统音乐	2008年	扩展项目
辽宁	8	辽宁鼓乐	传统音乐	2006年	新增项目
辽宁	9	辽宁鼓乐	传统音乐	2006年	新增项目
辽宁	10	千山寺庙音乐	传统音乐	2006年	新增项目
辽宁	11	海洋号子（长海号子）	传统音乐	2011年	扩展项目
辽宁	12	蒙古族民歌（阜新东蒙短调民歌）	传统音乐	2008年	新增项目
辽宁	13	笙管乐（复州双管乐）	传统音乐	2008年	新增项目
辽宁	14	笙管乐（建平十王会）	传统音乐	2008年	新增项目
辽宁	15	秧歌（抚顺地秧歌）	传统舞蹈	2006年	新增项目
辽宁	16	龙舞（金州龙舞）	传统舞蹈	2008年	扩展项目
辽宁	17	高跷（海城高跷）	传统舞蹈	2006年	新增项目
辽宁	18	高跷（辽西高跷）	传统舞蹈	2006年	新增项目
辽宁	19	高跷（盖州高跷）	传统舞蹈	2008年	扩展项目
辽宁	20	高跷（上口子高跷）	传统舞蹈	2008年	扩展项目
辽宁	21	朝鲜族农乐舞（乞粒舞）	传统舞蹈	2006年	新增项目
辽宁	22	朝鲜族农乐舞	传统舞蹈	2008年	扩展项目

续表

省份	序号	名称	类别	时间	类型
辽宁	23	京剧	传统戏剧	2006年	新增项目
	24	评剧	传统戏剧	2006年	新增项目
	25	评剧	传统戏剧	2011年	扩展项目
	26	皮影戏（复州皮影戏）	传统戏剧	2006年	新增项目
	27	皮影戏（凌源皮影戏）	传统戏剧	2006年	新增项目
	28	皮影戏（岫岩皮影戏）	传统戏剧	2008年	扩展项目
	29	皮影戏（盖州皮影戏）	传统戏剧	2008年	扩展项目
	30	木偶戏（辽西木偶戏）	传统戏剧	2006年	新增项目
	31	海城喇叭戏	传统戏剧	2008年	新增项目
	32	东北大鼓	曲艺	2006年	新增项目
	33	东北大鼓	曲艺	2008年	扩展项目
	34	东北大鼓	曲艺	2008年	扩展项目
	35	东北大鼓	曲艺	2008年	扩展项目
	36	东北二人转	曲艺	2006年	新增项目
	37	东北二人转	曲艺	2006年	新增项目
	38	二人转	曲艺	2014年	扩展项目
	39	乌力格尔	曲艺	2006年	新增项目
	40	北京评书	曲艺	2008年	新增项目
	41	北京评书	曲艺	2008年	新增项目
	42	北京评书	曲艺	2008年	新增项目
	43	盘索里	曲艺	2011年	新增项目
	44	剪纸（医巫闾山满族剪纸）	传统美术	2006年	新增项目
	45	剪纸（庄河剪纸）	传统美术	2008年	扩展项目
	46	剪纸（岫岩满族剪纸）	传统美术	2008年	扩展项目
	47	剪纸（建平剪纸）	传统美术	2008年	扩展项目
	48	剪纸（新宾满族剪纸）	传统美术	2008年	扩展项目
	49	岫岩玉雕	传统美术	2006年	新增项目
	50	阜新玛瑙雕	传统美术	2006年	新增项目
	51	石雕（煤精雕刻）	传统美术	2008年	新增项目
	52	核雕（大连核雕）	传统美术	2014年	扩展项目

续表

省份	序号	名称	类别	时间	类型
辽宁	53	满族刺绣（岫岩满族民间刺绣）	传统美术	2008年	新增项目
	54	满族刺绣（锦州满族民间刺绣）	传统美术	2008年	新增项目
	55	建筑彩绘（传统地仗彩画）	传统美术	2011年	扩展项目
	56	琥珀雕刻	传统美术	2014年	新增项目
	57	砚台制作技艺（松花石砚制作技艺）	传统技艺	2014年	扩展项目
	58	蒸馏酒传统酿造技艺（老龙口白酒传统酿造技艺）	传统技艺	2008年	新增项目
	59	辽菜传统烹饪技艺	传统技艺	2014年	新增项目
	60	中医正骨疗法（海城苏氏正骨）	传统医药	2014年	扩展项目
	61	蒙医药（血衰症疗法）	传统医药	2011年	扩展项目
	62	中秋节（朝鲜族秋夕节）	民俗	2014年	扩展项目
	63	民间社火（本溪社火）	民俗	2008年	扩展项目
	64	民间社火（义县社火）	民俗	2008年	扩展项目
	65	民间社火（朝阳社火）	民俗	2008年	扩展项目
	66	民间信俗（锡伯族喜利妈妈信俗）	民俗	2011年	扩展项目
	67	朝鲜族花甲礼	民俗	2008年	新增项目

二、非物质文化遗产特征

相对于其他区域，关东文化区的非物质文化遗产特征体现在以下几个方面：

（一）传承性

"遗产"最初是指"父亲留下的财产"，或者是指"个人对于已故祖先的继承，即某种能够依靠特定的继承关系而从祖先那里获得遗留下来的财产和权利"。就定义来看，遗产即一种继承关系，展示出它在特定关系中的传承性。

构成遗产的三个要素是：遗留物、继承原则、继承者的责任与义务。关东传统村落的非物质文化遗产，如传统信仰与祭祀活动、婚庆习俗与传统节庆等，都表现出鲜明的继承性，即这些非物质文化遗产都是关东传统村落的居民世代相传、继承至今的生产生活要素。最具特点的传承性就是关东少数民族文化在关东地区的渗透是润物细无声式的表现。以锡伯族的西迁节为例，乾隆二十九年（1764）的农历四月十八日，清朝政府从盛京（今沈阳）等地征调锡伯族官兵及其家属，西迁至新疆的伊犁地区进行屯垦戍边。为了纪念这个日子，锡伯族在每年的农历四月十八日都要举行盛大的庆祝活动。不仅关东地区的锡伯族要庆祝，远在万里的新疆锡伯族也要庆祝，这可能就是文化传承的力量。文化继承者们不用社会强制规范就可形成的一种自觉文化模式。

（二）归属性

在人类学的研究领域中，传统通常被分为大传统和小传统，用以分析复杂社会中不同层次的文化传统。大传统是指都市文明中由政治精英、上层士绅、知识分子代表的所谓主流文化的社会价值及文化传统，而小传统则是指乡村社区民俗或乡民在地方、村落中形成的民间文化的社会价值及文化传统。不难看出，小传统存在于大传统之中，大传统通过权力、意识形态等方面对小传统产生影响，但大小传统之间存在明显的差异。

显然，关东传统村落的非物质文化遗产属小传统范畴，是当地乡民在漫长历史发展中总结发展而成的传统及民间文化，具有鲜明的地方特色，但就整体上来看，它又摆脱不了整个意识形态的影响，具有鲜明的当地意识形态特点。在关东地区村落文化中，占主流地位的是儒家的中原文化体，但由于多次的移民，以及关东少数民族作为原住居民的文化渗透，关东地区的村落遗产更多地以多元化的面貌呈现。不似中原地域的农耕文化，当地以渔猎文化为主体，逐渐形成了多神论的视角。关东少数民族多为众神论者，相信万物有灵。由于他们极少使用语言文字，甚至有些少数民族没有文字，只能口口相传，部分少数民族村落的文化传承就是一个极其困难的问题，也是非物质文化传承需要重点讨论的问题。

（三）集聚性与团带性

集聚性体现在空间范围内的文化聚集及组成分布的特征性。在漫长的历史文化演进过程中，关东地区的先民们创造了丰富的非物质文化遗产。截至目前，关东地区按照不同申报单位共有145项非遗获批进入国家级名录。这些遗产分布于不同的历史时期和不同的地域空间中，呈现出独特的地域文化风貌。在历史的脉络中，关东地区非遗发源于先秦，成熟于宋元，鼎盛于明清；在空间分布上，呈现出南多北少、西多东少的总体特征，集聚性和团带性特征明显，少数民族文化在关东文化中占很大比重，少数民族非遗在关东非遗中占据重要地位。

可以看出影响关东非遗创造与传承的外在因素主要是人口迁移和民族融合，民族的群落化集聚生存则是非遗创造与传承的内在因素。关东地区移民历史长久，不仅有中原地区的河南、河北、山东等地移民，还有很多国外的移民，如俄罗斯贵族、日本侨民、犹太人等。外来移民产生了团体的文化带动作用，即团带性，呈现出两个特征：

1. 多民族文化融合

民族文化融合即不同民族的文化在长期交流接触中，克服冲突、碰撞，在本民族的文化体系中融入其他民族的文化元素。

在对关东传统村落少数民族文化传统的研究中不难发现，不同民族虽有各自特色的文化传统，但同时有许多共性和相似之处，如关东地区大部分少数民族信仰萨满教，再如鄂伦春族、锡伯族有着相似的节日——抹黑节，这就是民族文化融合的结果。

2. 传统文化与现代文化融合

传统文化具有一定的积淀性、滞后性，现代文化具有创造性和优选性，二者既有差异和碰撞，又可以实现对接和融合。文化必须有与时俱进的适应性和包容性才能继续传承和发展下去。例如满族的祭祀活动现在就少了许多繁杂的规矩和礼节，只优选出当今时代需要的部分并将其传承发展下去，这就是典型的传统文化与现代文化的融合。与此同时，我们在调研中发现，随着城市化进程的加快以及现代文明的深入，村落中的传统文化正经历着巨大的冲击。

第二节
关东传统村落的传统信仰与祭祀活动

一、传统信仰

神仙崇拜是满族乃至整个北方民族包括汉族在内的民间普遍信仰。新中国成立前，村民信奉者较为普遍，后来逐渐演变成为风俗，以老年人信奉为多数。[①]

（一）腰站满族

在腰站村主要信奉的仙有狐仙、黄仙（黄鼠狼）、蛇仙、蟒仙等，其中黄仙是腰站及上夹河一带满族信奉的保家仙，在所有供奉的神仙中居于首位。

据民间传说，黄仙是跟随满族祖先从长白山一起来到辽宁的，共有七兄弟，称为七将军，上夹河的保家仙是大将军，腰站村的是六将军，胜利村的是七将军，腰站村村民说到黄仙时都称黄将军或老六将军。对仙的崇信和敬奉是与祖先的敬奉分开的，仙的牌位也不与祖宗牌位放在一起，而是在祖宗牌位旁边单独供一香碟，用一块红布写上各路神仙的名号作为牌位，初一、十五上香供奉。有的村民也以别的仙作为自家的保家仙，例如蛇仙、蟒仙等。这种对蛇、

[①] 张晓琼，何晓芳.满族：辽宁新宾县腰站村调查[M].昆明：云南大学出版社，2004.

图 4-1　腰站村一角

蟒的崇信和敬奉在当地民间传说中有着明显的痕迹。腰站村的西头建有一座六将军庙，村东头建有一座"蟒是青""蟒是红"庙。关于"蟒是青"和"蟒是红"的传说有很多，据村里老年人回忆，在十九世纪三四十年代蟒仙的崇拜极为盛行，现在年岁较大的村民，在谈到两蟒仙时，脸上依然充满敬畏。村民平时在农历初一、十五时都到两个庙上香求仙保佑。十月初一是各路仙家汇集之日，届时各家都要带上一只红公鸡、馒头、糕点、水果等供品到两个庙上香供祭。

腰站村村民对柳树和榆树也有着传统的

敬畏之情。在祭祖、换索及其他祭祀活动中，柳树充当着十分重要的角色，往往少不了柳树枝。柳树生命力极强，插枝成活，又枝繁叶茂，根系多广，因此被看作是多子多福、人丁兴旺、家族发达的象征，对柳树的崇信寄托了满族人民希望子孙繁衍、家族兴旺的愿望。除柳树外，榆树也是当地人崇信的对象。作为爱新觉罗氏家族的后裔，腰站村人对榆树尤其是古榆都怀着深深的敬意，因此对古榆的崇信也成为他们的祭祀内容之一，村中至今仍有几棵老榆树立在道旁，据村民说这些老榆树至少也有二三百年的历史了。而在村里西岗的老榆树旁，村民还盖起了一座小庙，如有出远门或家中有人生病、有难，村民也会到老榆树下上香致祭，以期得到护佑。

除了对上述各路仙家的崇拜外，腰站村村民还保留了崇信灶神和财神的习俗。当地人称灶神为灶君或灶王爷，过去常挂灶王爷和灶王奶奶画像于灶后壁，每年腊月二十三过小年时，村民常用高粱秆皮编成马在灶里焚烧，送灶王爷升天，大年三十晚上又以丰盛的祭品迎接灶王爷回来。财神爷被认为是主管钱财的神仙，寄托着人们安居乐业的美好心愿，几乎每家每户都挂着财神爷像，有的人家还在财神爷像下设有桌案，供奉食物并焚香叩拜，祈求来年财运亨通。[①]

（二）锡伯族

锡伯族重视祖先崇拜，对祖先的崇拜甚至超过萨满或者其他神灵，将他们放到一个至高无上的位置。

[①] 张晓琼，何晓芳.满族：辽宁新宾县腰站村调查[M].昆明：云南大学出版社，2004.

1. 喜利妈妈

喜利妈妈是锡伯族古老的宗教信仰,"喜利"在锡伯语中是延续的意思,喜利妈妈被誉为锡伯族的娘娘神,寄托了人们期望锡伯族子孙延续、人丁兴旺的美好愿望。

关于喜利妈妈崇拜的形成,历史典籍均无记载,但锡伯族却流传着很多美丽的传说,老人们都能说上一二。

时至今日,锡伯族历经兴衰,但他们对喜利妈妈的信仰却世代相传。

喜利妈妈并没有画像,其象征是一根两丈多长的红丝绳,名曰"索绳"(九股丝线)。喜利妈妈的制作很有讲究,其所需东西要到本村人口多、辈数全的家庭去找,并邀请家中儿女双全、子孙满堂的两位老太太来做。

在"索绳"上,可以系上小弓箭、箭筒、小鞋靴、扳指、小摇篮、布条(红、绿)、衣裤、背式骨(猪、羊膝骨)、铜钱、缨帽、

图 4-2
喜利妈妈

木叉等小物件，相间而拴，每件小物件都有着深刻的寓意。如弓箭代表男孩，彩布条代表女孩，小摇篮代表儿媳，所以两个背式骨之间的小弓箭、彩布条、小摇篮的数目，代表着这一家这一辈的男子、女子和儿媳的数量。

喜利妈妈是锡伯族神圣的家族信仰，一般不对外人展示。喜利妈妈带有结绳记事的寓意，是家族繁衍的标志，可以说在没有文字的时代，喜利妈妈就是锡伯族的家谱。喜利妈妈被视为保佑子孙后代的神灵，平时拢在一起，用白毛头纸包好挂在西屋西北角墙上，有的还在墙上方贴一张白毛头纸，纸下有一供板，摆放供品。每逢除夕，就由家中男主人将喜利妈妈请下，将丝绳拉开，从屋内西北角扯到东南角，两端挂在房椽上，供上供品、香烛等，按时叩拜。到二月初二日，再将喜利妈妈拢在一起，用白毛头纸包好，收回原处。直到二十世纪四五十年代，锡伯族人家仍一直供奉着喜利妈妈。"文革"时期破"四旧"，有的喜利妈妈被锡伯族群众藏起来，这一信仰才得以保存至今。

2. 海尔堪

因为妇女主持家务，所以锡伯族会将喜利妈妈供奉在屋内，而在屋外，过去则供奉着锡伯族的男性祖先——海尔堪。

"海尔堪"是简称，其全称是"海尔堪玛法"。"海尔堪"是保护牲畜的意思，"玛法"意为男性祖宗，"海尔堪玛法"即保护牲畜兴旺的男祖宗之意。在古代锡伯族的经济生活中，畜牧业占有相当重要的地位，牲畜的兴旺与否直接影响着人们的生计，出于对牲畜的珍视，锡伯族每家都会供奉海尔堪玛法，对这位保护牲畜的神顶礼膜拜。

过去，海尔堪玛法被供在屋外西南墙的房檐下，锡伯族在墙内掏洞（或砌成一个一尺左右高，半尺多深的洞），并在洞里放个木匣子，匣子里面装有或木雕或泥塑或纸画的神像，最后在墙外洞下钉两根木桩，上面放块木板，板上放香炉祭器。因为在一家之中，男子主外，终年在外狩猎与放牧，故将神位供在外面。家中的牛马，往往也就拴在这附近，以求能够得到神的直接护佑。

每到初一、十五或逢年过节，锡伯族人都要烧香叩头，祈求海尔堪玛法保佑牲畜兴旺。春季青草露出地面时，家族中还要组织集体祭拜。主人要把自己最心爱的骏马献给海尔堪玛法，献马仪式是将羽毛或红布条系在马尾上，然后把马拴在海尔堪玛法的神位前面，贡献此马给海尔堪玛法骑用。

遗憾的是，海尔堪玛法及其信仰习俗几近消失殆尽，一方面是由于当地锡伯族早已不从事畜牧业，对保护牲畜的神的崇拜也就淡漠了；另一方面是因为锡伯族群众家家户户都盖了新式的红砖瓦房，不像原来的土房子那样便于在墙上掏洞，海尔堪玛法无处可供便慢慢消失了。①

3. 祖宗匣

锡伯族已经从远祖崇拜发展到近祖崇拜，除了供奉本民族共同的男、女祖先外，还供奉自己家族的祖先。

锡伯族的家族祖先崇拜一般是在西屋，在靠西墙的正中位置，立一个木制的匣子，内置纸折家谱，要恰好露出始祖的姓名；或者将祖宗姓名写在一张长条纸上，置于匣内，让纸条自然垂下，露出

---

① 龚义昌.锡伯族姓氏考[M].乌鲁木齐：新疆人民出版社，2002.

祖先的名字。如果是木制的龛，则会做成楼房的样子，雕刻有花纹图案，寓意祖先居住其中，故又名"祖宗龛"。

祖宗匣或祖宗龛前面放有一套锡制的祭器，其摆放顺序也很有讲究，中间放香炉（碗），两侧各放一个烛台，外侧各放一个香筒。逢初一、十五、清明时节或先人祭日，便焚香叩拜，告慰亡灵，同时祈求祖先的福佑。

在锡伯族的原始信仰中，祖先崇拜最为重要。锡伯族人认为自己的祖先在诸神灵中离自己最近，最关心家族的兴衰，因而最能听取人们的祈求愿望并给予满足。[1]

（三）赫哲族

赫哲族普遍相信万物有灵，这是其原始宗教形成的基础。赫哲族在图腾崇拜、灵物崇拜、鬼神崇拜和祖先崇拜等原始崇拜的基础上形成了原始的赫哲族萨满教。清朝时期，萨满教是赫哲族的全民信仰，他们认为萨满法力无边，是联通人与鬼神之间唯一的桥梁。

由于相信万物有灵和灵魂不死，赫哲族也因此相信祖先的灵魂不死，故奉行祖先崇拜。他们称祖宗三代为"别布玛法"，过年时要把祖宗雕像供在西屋内桌上，摆放祭品，焚香悼念，据《吉林通志》记载，"截木长尺许，其上刻圆如头颅，画成眉目，略似人形，置于撮罗椅角处，多有十余枚者，其家争呼之为祖宗……一年数祭祖，祭时唯以一鹿而已"。

---

[1] 王皎，江帆. 锡伯族：辽宁沈阳市新民村调查[M]. 昆明：云南大学出版社，2004.

（四）朝鲜族

朝鲜族的原始宗教意识，主要分为下面两类。

1. 巫术

巫术，在朝鲜语中称为"马基雅"，是村民认为的世间存在的某种无法控制的神秘力量，人们对它加以利用，来对人和物施加影响。巫术的重要表现形式之一就是占卜，巫师一般用动物的骨头作为占卜工具，这些骨头来自于祭祀的动物身上，他们认为祭牲有神奇的力量，可以协助人与鬼神沟通，巫师通过骨头的颜色、裂痕等特征来推断将来的凶吉和命运。

2. 万物有灵

万物有灵，即认为人、事、物等都具有灵魂。灵魂和肉体是可以分离的，灵魂离开肉体后，人就会死亡，但灵魂还会继续存在于天地间。万物有灵主要体现在丧葬活动中的招魂仪式上。由死者的一位旁系男性亲属或朋友把死者生前穿过的一件衣服扔到房顶上，并面向北叫喊死者的姓名，接着长声喊"复——复——复——"。通过呼唤死者的名字，让游荡在空中的灵魂寻找到自己的住所，然后由小鬼带领灵魂回到祖先所在地。[①]

[①] 瞿健文，崔明龙. 朝鲜族：吉林磐石市烧锅朝鲜族村调查[M].昆明：云南大学出版社，2004.

（五）萨满教

1. 究竟何为萨满

"萨满"一词源于北美印第安语"shamman"和通古斯语"saman"，也有人译为"嚓玛""珊蛮"等。该词常用于民族的祭祀活动，含有探究、晓彻、智者之意，在演变过程中逐渐成为萨满教巫师的专称，这些巫师往往被认为是萨满之神的代理人和化身。欧亚大陆和北美大陆北方各民族为"萨满"一词的主要通用地区，鄂伦春族、鄂温克族、赫哲族和达斡尔族直到20世纪50年代初还保存着该教信仰，但类似的神职人员在世界其他地区均有着不同的称呼，国际学术界往往将其统称为萨满。

萨满教具有灵魂观念，认为人有数个灵魂，以信奉萨满教的赫哲族为例，他们相信人有三个灵魂：生命之魂、思想之魂和转生之魂。生命之魂由生命之神赋予，它与人的生命共始终，人死后就会永远离开躯体而消失；思想之魂为人在清醒时的思想及梦中的见闻，它通常会暂时远离身体并与其他灵魂交遇，人死后它不消失，需要萨满将它送入阴间，以免在世上作祟，伤害人畜；转生之魂由转生之神所赐，人死后按其生前品行转生到世间成为人或动植物，妇女不育、流产往往被认为是她们没有转生之魂或该魂被摄所致。

萨满教信奉万物有灵，主崇氏族或部落的祖灵，同时也有自然崇拜和图腾崇拜，崇拜对象极为广泛。萨满教常对山川树木、日月星辰、风雨雷电、云雾冰雪和某些动物进行人格化的想象并赋予它们神秘化的灵魂，将其视为主宰自然和人间的神灵。其中由祖先亡灵所形成的鬼神观念以及人间的各种疾病与死亡造成的恐惧被认为是萨满教神灵观念的核心。萨满一般有职业萨满和氏族萨满之分。

前者以个人身份有偿向全社会提供宗教服务，主要为雇主家进行占卜、祈福、驱魔、主持红白喜事等，具有一定职业性。后者则是在部落氏族组织中仅为本氏族成员提供宗教服务的指定神职人员，这些人平时照常从事自己的劳动生产，只有在本氏族成员需要时才转而进行祭祀祖先、向神灵许愿、叙说祖先历史功绩、为本氏族成员祈福等宗教活动，这些宗教服务属于氏族义务，基本不收报酬，而对本氏族之外则基本拒绝提供任何宗教服务。

无论是职业萨满还是家族萨满，男性女性均可担任，所从事的各种宗教活动也完全相同，但随着男性主导性的增强，今天现存的女性萨满已经很少了。萨满被称为神与人之间的中介者，他们与其他宗教神职人员最大的不同，就是能够凭借个人的躯体作为媒介，以实现人与鬼神之间的信息沟通。方式主要有两种，一是以神灵为主体，通过萨满的歌唱、舞蹈、击鼓完成对神灵的邀请或引诱，使神灵以所谓"附体"的方式附着在萨满体内，并以此完成与凡人的交流；二是以萨满为主体，同样是通过歌舞等形式实现所谓的"灵魂出壳"，以此在精神世界里上天入地，使萨满的灵魂能够摆脱现实世界去同神灵交往。上述神秘仪式即被称为"跳大神"或"跳萨满"。在完成上述仪式的过程中，所有的萨满都会表现出失语、昏迷、极度兴奋、神志恍惚等生理状态，这类生理状态出现时则被称为"抬神""下神"或"通神"，学术领域则称为"萨满催眠术"或"萨满昏迷术"。萨满就是通过这种方式将人的祈求和愿望转达给神，同时将神的意志传达给人。萨满以各种精神方式掌握超级生命形态的秘密和能力，获取这些秘密和神灵力量是萨满的一种生命实践内容。

中国古代史官将萨满称为"巫"，将萨满的宗教仪式称为"烧饭"或"打段"。在匈奴时代,萨满对于政治和军事上都有着一定的影响,但凡遇到战争或其他犹豫不决的事件,最后都要取决于萨满。萨满必须具备许多常识和知识以观察事物的发展、预测未来和预言吉凶。虽然北方民族的萨满与中原汉族的巫大有不同,但通神仪式的基本过程却是一致的。五代以后,由于北宋朝廷禁止"打段",中原的巫基本被道教法式和庙会社戏所取代,仅有少数残余在民间传承,经过数世纪的演变成为今天的"傩戏"。

2. "最后的萨满":关扣尼老人

鄂伦春族的萨满不是神,是能够与神灵沟通的人,鄂伦春族相信万物有灵。1953年夏,为响应政府"破除封建迷信"的号召,关扣尼与全族的其他萨满们一起,举行了规模盛大的告别祭奠仪式,告别各自所携领的神灵,然后把神服送到山上封存起来。从此鄂伦春族再有事情就不找神灵了。

多年后萨满教作为中国的非物质文化遗产重新受到重视和保护,萨满们也得以继续表演跳神,我们才得以重见八十多岁的萨满关扣尼老人再次打起神鼓唱起歌。只是此时的跳神已经更多是表演意义了。

遗憾的是萨满关扣尼老人已于2019年10月3日离开了我们,有人说她是中国最后一位萨满。萨满对于传统村落的活态传播与文化传承具有重要意义,但就目前的状况而言,萨满的传承仍是任重而道远。

第四章 | 关东传统村落的非物质文化景观

图 4-3
关扣尼老人

二、祭祀活动

(一) 鄂伦春族

鄂伦春族定居后，汉族、蒙古族、达斡尔族等的迁入给他们带来不同的思想观念，现代的无神论信仰以及开展的一系列文化教育使他们的宗教观念开始转变，这对于古老的萨满信仰等都是根本性的冲击。自鄂伦春族定居以来，传统的萨满教信仰逐渐消失。下面介绍鄂伦春族的几种崇拜习俗和祭祀活动。①

1. 狩猎习俗中残存的动物崇拜

由于狩猎文化的存在,鄂伦春族产生了对动物的崇拜,其中最主要的崇拜对象是熊。鄂伦春族打到熊以后,要将熊头割下来,有着风葬熊头的风俗。有的人还要行跪拜礼,以请求熊的原谅。有的人虽不跪拜,但风葬熊头的时候,嘴里也要不停地唠叨,请求熊的原谅,希望它不要报复。而且忌讳妇女吃熊的内脏,他们认为那样会使猎人的猎枪打不准野兽。

2. 汉族传入的"跳大神"

随着汉族的大量迁入,汉族的某些信仰观念对定居后的鄂伦春族也有一定的影响,其中比较突出的是"跳大神"。据说,当人们觉得出现生活十分不顺利、家里经常有人生病、经常丢东西等状况时,就会去请人"跳大神",而且"跳大神"的收费是很高的。至于这种"跳大神"的仪式,大多数人没见过,见过的人一般是请人跳过的,不愿意说。只是听说要"立堂子",请的神据说是"狐仙"。有些学者认为这应该是受汉族民间崇信的影响,因为在鄂伦春族的传统信仰中,并没有狐仙的位置。随着经济状况的日益好转,这种活动现在消失不见了。

3. 占卜

鄂伦春族在定居前曾经有占卜的习惯。当族人生病治不好或丢

---

① 郭建斌,韩有峰.鄂伦春族:黑龙江黑河市新生村调查[M].昆明:云南大学出版社,2004.

失东西、打不到猎物等时，人们往往为了得知吉凶而进行占卜。占卜者多为老人，方法多为"骨卜"。

（二）满族

下面以辽宁的腰站满族为例，说一说满族的祭祀活动。

1. 祭祖

祀天与祭祖，是满族祭祀的重要内容，也是萨满的主要职能。但今天的祭祖已经没有萨满参与了。

腰站满族人家供奉的祖先神龛，又称为祖宗板，是用木板做成的一个约八寸宽、一尺长的小搁板，早年，为了符合满族"以西为贵"的规矩，需要放置于西屋西墙的支架上。按照习俗，祖宗板的木材要用杏木，砍伐时禁止人跨过，而且要恭敬地扛下山，不能拖拽。祖宗板上供着九个香碗及九位祖先的牌位，板上不见文字记载，也不刻祖先的姓名。祖宗神位装在九个小木匣里，即祖宗匣。

20世纪80年代恢复公开祭祖以来，祖宗板供奉的位置发生了变化——放置于东屋东墙上。因为东屋采光好，在关东寒冷的冬天里热炕加上日照，使屋内整体很温暖。一般情况下，腰站村里凡是老人与儿子同住的，都是老人住东屋，晚辈住西屋。由于祭祖传统上必须由老人即家中长辈来奉行，并且在目前腰站村里也只有老年人才保持着祭祖传统，因此祖宗板自然随老人而摆放于东屋。在左右两块祖宗板的前面，也就是板宽的侧面贴着一张纸帘，帘的底端如同锯齿，上面写有满文。根据发音，村里人称之为挂签、挂旗、或挂帖，颜色各家不一，有红黄蓝等各色，与自家所属旗籍相对应。

这些所谓的"挂签"准确来讲应称之为祖彩子，因为挂签与祖彩子有着本质区别，一是用处不一样，祖彩子能上祖宗板，而挂签不能；二是祖彩子上只能写满文，挂签却满文汉文都可以写；三是大小不一样，祖彩子是挂签的两倍；四是挂签可以贴在门墙之上，如同对联。另外祖彩子的颜色只能使用黄色和白色。但无论是祖彩子还是挂签，大年三十时都要重新更换。

除夕祭祖又被腰站满族称为"请老祖宗回家过年"，这是满族民间祭祀中较为重要的活动，祭祀操办得隆重、热烈，祖宗便会保佑来年家运兴旺，人畜平安。

除夕祭祖从农历腊月二十九下午开始，先将家族谱单从祖宗匣中取出挂于西墙，两边贴上对联，上贴挂签。前面设香案或供桌，上放祭品，祭品前设置香炉、蜡台等。进香之后，全家人由家长带领向祖先行三次叩头礼。待夜幕降临后，由家中长子携带供品到祖坟前祭祀，于历代祖先墓前默念其名请其回家过年。祭毕回家点燃香烛，俗云此时祖先已回家就位，全家老少再向祖宗板跪叩行礼，然后开始吃团圆饭。接神辞岁之后，一家人中晚辈便开始依次向长辈磕头拜年，接神前已包好的饺子，也于此时下锅煮食，此后全家人围坐守岁通宵。大年初一清晨，村中同一家族者及大家庭中已分居另立门户者，皆聚到保存本族族谱的族长家行跪拜祖宗及家族长辈之礼，此礼在过去，男性皆三跪九叩，女性则行抚鬓礼，民间称之为摸鬓角礼（或抹鬓角礼）。

大年初一仍煮食饺子，煮熟的饺子捞出的第一碗要供于祖宗板前，意在先请祖宗食用。除夕祭祖摆设供桌一直持续至初六，此间每天需进香且更换供品。初六当天，家中老少由长者带领再次叩拜祖宗，燃放鞭炮后，便可将祖宗板前供品撤去，一切物品复位，除夕祭祖至此结束。

现在除夕晚上已不到祖先坟前祭祀，午夜零时钟声响起，各家要打开所有房门，点燃鞭炮，迎接各路神仙进家，然后下锅煮饺子，吃饺子，守岁通宵。大年初一到同族长辈家拜年问好。现在拜年时都行鞠躬礼，传统的三跪九叩及摸鬓角礼已少有人做了。

大祭是腰站满族最为隆重的祭祖仪礼，此仪式程序繁多，少则三日，多则五日。在清末时期，大祭通常在一年内会举行两次，即春祭与秋祭，但生活比较贫困的人家只能隔三四年举行一次。

大祭又被称为"祭太平猪""烧荤香"。传统上，这种祭祖仪礼都由本族中专职的萨满来操办，萨满身着神衣神帽，腰系腰铃，手持抓鼓，摇首摆腰，旋跳旋舞，时而吟唱满语神歌，时而念诵祷文，场面既热烈欢腾又庄严肃穆。然而随着时代的变迁，民间在举行大祭之时已不再用萨满主持，多由家族族长来主持。

关于大祭，民间有"五日祭"之说，即三天"正日子"加上前两天的"准备日"。

第一天，请祖宗匣子及全族族谱。早饭前，主祭家的当家人需要漱口净面，穿戴一新，带领家人到族长家请祖宗匣子，请来后将其安放在自家的祖宗板上，然后安排主妇淘米。主妇漱口净手，手端瓷盆，面向祖先双膝跪地，连淘三瓢小米，捞出后空干，放入坛子并用陈曲发酵，以此制作祭祖的米酒，俗称"糖黄酒"。

第二天，磨面，俗称"嗑面子"。清晨起来，主妇洗漱完毕，将碾盘刷洗干净，先碾黄豆面，后碾黄米面，碾完的黄米面需要留一半，预备做换索仪式上的供品。

第三天就是大祭的"正日子"，主祭家在这天最为热闹，同一家族的宾客纷纷向主祭家赶来。清晨，主祭全家人便开始制作供品，俗称"蒸供"。而且当家人需要起个大早去井边抢挑村中的第一担水，挑水时禁止和人说话，中途扁担不许换肩，到家后水桶不许落地，要直接将水倒进水缸里。此水被称为"无根水"，用以表示对祖先的敬意。当日早饭后，当家人漱口净手，摆好祖宗匣，点燃达子香，悬挂八旗，摆上三碗清茶、三盅米酒、九盘糕饼，开始祭祖。先是当家人率全族男性叩拜祖宗，接着由主妇带领全族女性叩拜，然后便是"杀牲设祭"。当家人指挥众人先将一口猪绑好，抬到香案之前，开始进行大祭中重要的领牲仪式，其具体做法是：主妇端来米酒，当家人以酒灌猪耳，猪若摇头一晃，则表示祖宗已"领牲"了，若猪未摇头，则继续往猪耳灌酒，同时全家人要向祖宗跪下，检讨平日是否得罪祖先，并反复恳求祖先的原谅，敬请领受后世的敬意，直到猪摇头了，当家人方可操刀宰猪。猪褪毛后，将其卸成八块，连内脏一起下锅煮熟，再将肉块摆到香案上，拼成猪的原型，将内脏等放回猪腹之中，俗称"摆体"，此间要跪拜祖宗三次。此猪在领牲之后便成为祖宗所赐之物，煮熟的猪肉均被称作"福肉"，由参加祭祀的所有人分食。吃福肉时，人们在炕上就座，中间铺一块塑料布或油纸，将切成薄片的猪肉蘸调料食用。此时若有外人进来，当家人便会邀其共同进餐，但福肉只能在屋内吃完，不得带出室外。当天晚上会举行"背灯祭"，主要祭祀佛陀妈妈。当家人将牲祭摆好，将碗、筷、酒盅供于神前，点燃达子香，此时灭灯，关闭门窗。主人跪叩默祝三次，并率族人依次行三拜九叩之礼，此时

图 4-4
索伦杆

族中女性多向佛陀妈妈祈子或祈求保佑子孙平安，礼毕点灯，仪式结束。

第四天，祭天日，也叫"还愿日"，主祭"索伦杆"。"索伦杆"又称"祖宗杆""神杆"，是满族旧俗中用来祭天的木杆。祭"索伦杆"也以猪为祭品。20世纪50年代以前，满族大祭时大多同时举行祭杆仪式，之后仪式日趋简化，现在即使是在一些老宅老户院中也很少见"索伦杆"了。

第五天，行换索之礼。换索也称"祈福"，主祭佛陀妈妈。当日早饭后，本家主妇先将所焚之香换为"柏树香"（柏树叶阴干后磨粉制成），然后将索绳取出，一头拴在祖宗板的支架上，另一头从窗户拉到院子里，院子东南事先备下水缸一口，缸内插一小柳树枝，将索绳拴在柳枝上，同时将从各家要来的五彩线控制的"新索"挂在柳树上，水缸前备一小桌案，案上摆供，供品为黄米面制成的"水团"。祖宗板前的祭品换用鸡或鱼等，糕饼和酒有无皆可。在新宾地区，大祭之日主持换索的多是本家主妇，但也存在由当家人或族长主持。进香、献祭、叩拜之后，主持者便从柳树枝上摘下新索，为族中未婚男女及孩子们将去年的旧索换掉。换索毕，将"水团"煮熟捞出，挑出数枚较大的供在佛陀妈妈位前，其余的端到院里让孩子们抢食，俗称"抢福"。此仪式意在通过祭祀向佛陀妈妈祈祷，愿佛陀妈妈保佑自己家族的人口如柳树般繁盛兴旺。换索仪式之后，当家人再次进香叩拜祖宗，然后撤去香案，将诸多神物一一还原复位，至此大祭全部结束。

2. 墓祭

腰站满族对祖先进行墓祭有传统的祭日，即清明节、中元节、农历十月初一和除夕。

（1）清明节插佛陀

此为腰站所在地区新宾满族独有的墓祭习俗。"佛陀"系满语 fodo 的音译，意为各色纸条，译成汉字有多种写法：佛托、佛头、

第四章 | 关东传统村落的非物质文化景观

图 4-5
佛陀

佛朵、佛多、佛陀等,佛读第一声(不读第二声),陀读轻声(不要重了)。轻声"头"的字音最符合原音,但写成"佛头"容易引起误解。佛陀制法为:在玉米秆或高粱秆上粘贴五色纸条或布条,于清明之日插到祖先的坟头上,其意在为死者祈福。满族清明节插佛陀习俗目前已被列为辽宁省非物质文化遗产保护项目。插佛陀,是满族家族的重大祭祀活动，满族人清明节上坟不烧纸，而是在坟头上插佛陀，距今已有数百年历史。插佛陀不仅表现对死者的祭奠，还表示永保子孙兴旺平安之意，同时，佛陀又被视为摇钱树，插佛陀又有给已故先人送钱的含义。

（2）中元节割除坟头杂草

农历七月十五日，腰站满族人家一般都备好饭食果品到祖坟前设供烧纸，同时割除坟头杂草，清理祖先坟地，填土夯坟。过去所备祭品有五碗菜、两层馒头，下三上二，上面的两个将面朝下覆于下面三个馒头之上，正好搁齐。现在多以饽饽、糕点、水果供祭。村民大多上山祭祖理坟。

（3）农历十月初一送寒衣

民间称为"烧包袱"，用纸剪成衣服模样，装在纸袋里，纸袋外面写上先祖及死者的姓名，在坟前进行焚烧，意为"送寒衣"。

（4）除夕为祖先送席

满族老户人家有除夕之夜去祖坟送酒席之俗。将酒席于坟前摆放祭拜，并将长子携带的"烧纸包袱"焚烧，随后将酒菜投入火中，念请祖宗保佑子孙后代。[1]

---

[1] 张晓琼，何晓芳.满族：辽宁新宾县腰站村调查[M].昆明：云南大学出版社，2004.

第三节
关东传统村落的婚庆习俗与传统节庆

一、婚庆习俗

（一）鄂伦春族婚俗

鄂伦春族实行一夫一妻制，严禁同一氏族内部或辈分不同的近亲通婚。鄂伦春族的婚姻多为父母包办的早婚。女方家选女婿要选好猎手，女儿嫁过去不会缺吃少穿；男方家则选择勤劳、贤惠的姑娘做儿媳。鄂伦春族的婚俗门第观念较淡薄，只要对方人品好、身体健康，亲事一般都能成。鄂伦春族的男女需要经过求婚、认亲、过彩礼等一系列过程之后，由男方请父系家族中德高望重的老人选定吉日娶亲。

鄂伦春族结婚礼服颇具特色，传统的结婚礼服是宽肥的大袍，新郎穿的是大襟，袖口镶有薄边皮，开叉处有刺绣、补花等装饰的皮袍；新娘的衣服用彩线在胸前、衣领周围绣有精致、鲜艳的花纹。南绰罗花纹样运用最为广泛，在鄂伦春族的文化中，这种花意为"最美的花"，象征纯洁的爱情。

在迎亲环节中，新郎要率领氏族的兄弟迎接新娘的送亲队伍，迎亲队伍和送亲队伍要经过对唱才能将新娘迎接回男方家里。之后，男方的父母向送亲队伍中的新娘舅舅、伯伯、叔叔等敬酒。敬酒后主人把所有宾客都让至预定的篝火旁坐好后，新郎新娘开始拜天，一起面朝南方磕头。拜完天后，男方家便把篝火点燃，来宾们围篝火大块地吃肉，大碗地喝酒。这时为了祝贺，驱走新娘家的鬼神，新郎的一位长辈开始鸣枪。席间新郎新娘给所有的长辈磕头、敬酒，受拜者一边为新人祝福，一边赠送礼品。为活跃宴席气氛，人们会边吃边喝、边唱边舞，直至深夜。

（二）赫哲族婚俗

赫哲族实行一夫一妻制，实行氏族外婚制。婚姻多为父母包办，也有经过媒人介绍成亲的，还有互相换亲的，或者是指腹为婚。赫哲族普遍早婚，结婚时要举行祭拜太阳的仪式。新娘进入男方家院后，夫妻双方要面向太阳跪下，司仪读诵祭词："顶礼日月、星辰，顶礼江水、山岳，顶礼赫哲族的祖先，顶礼亲友四邻，新郎新娘叩拜。"接着再诵词祝福新人。女方送亲的人主要是新娘的哥嫂、姑姑、舅舅。送亲队伍到达男方家后，男方长辈向女方的送亲长辈敬酒三杯。敬酒后，新娘在男方长辈指引下行"拜门礼"，再拜祭列祖列宗的牌位，再拜见父母。在拜见父母时，长辈向新娘训话：要孝敬公婆、遵从丈夫、和气待人、勤俭持家、不乱传闲话等。婚礼完毕后，新娘要进入洞房"坐帐"或"坐福"，直到酒宴的送亲人散去。

赫哲族婚礼中，要点长寿灯，灯光在后半夜不能熄灭，认为这样能过一辈子太平生活。此外，赫哲族婚俗中比较有代表性的就是新娘与新郎一起吃猪头猪尾，新郎吃猪头，新娘吃猪尾，意为夫唱妇随，团结和睦，最后新郎新娘共吃面条，以表示情意绵绵，白头到老。

婚礼第二天，还要举行赛马等传统的娱乐活动，人们尽兴玩耍以示欢庆贺喜。娱乐活动结束后，新郎要给岳父岳母准备酒肉等礼品，请送亲人带回转交。

（三）达斡尔族婚俗

结婚的头一天，朋友们纷纷到姑娘家祝贺，跳着舞，唱着歌，通宵达旦。结婚当天，由女方组织送亲队伍。要推选一名有威望的人担任总领队，由一男一女做副领队，并选五至七名青年男女陪同。清晨，他们装上嫁妆，给新娘蒙上纱巾，送亲车队一路上拉着四弦琴，唱着民歌小调。在路旁或村庄遇到水井要用布将其蒙好，如遇到大树、庙宇都要给披挂红布条，象征新婚夫妻一生中没有坎坷。按照旧俗，送亲车途中要休息，生起篝火，吃点心，喝酒。遇到路人，不论相识与否，都要热情相邀，请吃请喝。送亲车行至距男家住处二三里停车，新郎家派出一老一少两名骑手前去迎接。送亲车从东面进入，取喜事从光明方向临门之意。一旦日落，须在大门西侧挂一面镜子，象征太阳未落，以图吉利。来到新郎家门口，人们都要出院迎接，由主婚人宣布婚礼开始。新郎用准备好的三四张地毯，轮流倒换着接新娘入室。走至门后时揭去新娘的头纱，人们纷纷将五谷杂粮撒向这对新人，祝福他们和和美美，白头偕老。

达斡尔族的迎婚大宴先上酒席，再上肉席和饭菜席。当晚，男女双方各有一名长辈到洞房，陪新郎新娘吃"拉里"——一种黄米熬成的黏粥。在盘子里放两个酒杯，以红线相连，夫妻同饮，意为"白头到老，儿女双全，永不分离"。女方送亲人当晚留宿在男方家中。第二天早晨，男方给送亲人吃肉汤饺子以解酒。午宴之后，送亲车返回，新郎家要往车上装些酒和肉，捎给女方家。按照习惯，女方家送亲的人要在新郎家"偷"个碗、碟、酒盅之类，带回新娘家。

达斡尔族传统婚俗，是居住在黑龙江省境内的达斡尔族人在长期的生产生活中形成的具有独特民族特点的传统婚俗。这种民间文化现象能延续下来，不仅是对人类文明的充分体现，同时也反映出达斡尔族人对人类繁衍的推崇、对大自然的崇尚与尊重，以及对美好生活的向往和追求。

二、传统节庆

（一）赫哲族

赫哲族是生活在黑龙江、松花江、乌苏里江流域的少数民族，受自然条件的限制，他们形成了历史悠久的渔猎的生活方式。自然节气和宗教崇拜使赫哲族有着独具特色的节庆及民俗活动。

1. 乌日贡

"乌日贡"在赫哲语中为欢乐喜庆之意，赫哲族每四年于农历五月十五举办一次乌日贡大会。这是一项集民间文艺、传统体育项目为一体的重大节日盛会，集中展示了赫哲族的民族文化，并在四个主要的赫哲族乡村轮流举办。大会召开之际，各地的赫哲族群众齐聚乌日贡大会主办地，穿上节日的盛装，载歌载舞，尽情地享受着节日的愉快和生活的快乐。

乌日贡大会主要由民间文艺和民间体育两大项组成。白天主要是体育竞技，有游泳、划船、撒网、拔河、叉草球、射箭、打兔子等。晚上，人们则在江边举行篝火晚会，聚餐宴饮。乌日贡大会的文化活动内容，大都是源自赫哲族先民们下江捕鱼、上山狩猎和庆祝丰收的原始娱乐活动，大会带有明显的原生态文化特性。

2. 河灯节

河灯节是赫哲族的民间传统节日，河灯节的起源与赫哲族对自然的崇拜有密切的关系。在生产力尚不发达的年代，江河、山林对世世代代靠捕鱼为生的赫哲族有着极大的影响，因此就成为赫哲族祭拜的对象。每年农历七月十五晚上，赫哲族都会放河灯、祭河神，家家户户把用红纸、蜡烛、木板等材料制作的河灯放入乌苏里江中，以此来祈盼风调雨顺，祝福族人平安、捕鱼丰收。现在，在河灯节期间，还会有人围着篝火跳起民族舞蹈。

（二）达斡尔族

1. 春节

春节在达斡尔语中为"阿涅"，是达斡尔族一年中最为盛大的节日。除夕在达斡尔语中称为"布通"，是迎春节最为忙碌的一天。清晨，妇女就要忙着清扫室内，张贴年画和对联，男子则清扫庭院，在大门外正门处堆放干的牛马粪堆，为除夕之夜点烟火备用。除夕之前要杀"年猪"，除夕当晚吃手把肉和杀猪菜，并准备各色酒菜、点心来祭天供神，祈求来年的丰收。傍晚，由家中长辈亲手点燃烟火祭祀火神，烟火越旺，燃烧时间越长，越象征着来年的兴旺和富足。同时，要把一些熟肉和水饺、糕点投进火里，祈求在新的一年里人畜安康、五谷丰登。除夕夜里辞旧迎新的时候，晚辈要给长辈敬酒、磕头，祝福长者安康长寿，长辈祝愿晚辈在新的一年里吉祥平安，还要给小孩发压岁钱。除夕之夜整夜都要点灯不灭。

大年初一要自觉早起，寓意新的一年都会勤劳。垃圾留到初三才可以倒掉，否则会被认为把福气倒走了。妇女准备早饭，男子则烧香拜天地神灵，在院子中偏西的地方放一张桌子，摆上供品。先烧一把香拜天，然后燃七炷香拜北斗星，九炷香拜娘娘神，灶神敬一炷香，其他诸神各烧三炷香，祈求天地神明赐予太平丰年。祭拜后男子按辈分和年龄的高低顺序出发去拜年，谁拜得早谁这一年都会有好运气。小孩们则跟随着到各家要糖果和压岁钱。初二、初三，妇女们则外出拜年、走访姻亲。

春节正值农闲，传统文化活动达到一个高潮，人们在户外尽情地唱歌、跳舞、玩游戏，以前还会请说书艺人到家里说书。

2. 正月十五

正月十五在达斡尔语中称为"卡钦"。春节的庆祝活动一直持续到正月十五，正月十四的晚餐和正月十五的早餐，极其丰盛，仅次于除夕的年夜饭。正月十四晚上要向诸神烧香磕头，正月十五这天人们要穿上新衣服，要吃手把肉"瓦齐"和饺子，过了正月十五，就不再请安拜年了，意为新年已经庆祝完毕。

3. 五月初五

达斡尔族把五月初五称为"药日"。这一天，天刚蒙蒙亮时，大家就争相早起，到山上或河边采集花草和白艾。白艾可以入药，把带着露水的白艾塞在耳朵里，可以保证这一年都不生病。还要到

"布拉尔"（泉水）喝水、洗澡，据说有很好的保健和治疗效果，一些慢性病都可以通过泉水来治好。晚上要吃水饺、馅饼，以示庆祝。

4. 腊八节

因为腊月里天气特别冷，人们怕把下巴冻掉了，所以讲究在腊八节里吃腊八粥。以前做腊八粥都是用稷子米、小米，现在改用大米，将大米煮熟后拌上酸奶、白糖，有的还放上黄油或牛油来增加香味。

5. 小年

达斡尔族腊月二十三过小年，祭灶神，还要给灶神嘴上抹糖和油，求灶神上天成好事，下界保平安。这一天还要搞好室内卫生，以迎接即将到来的新年。

6. 求雨节

"求雨节"是达斡尔族带有宗教色彩的节日，主要在干旱时节举行，用以祈求天降甘霖。

求雨这天，全村的成年男女都要参加。男人负责上敖包山祭敖包，在敖包前面摆上供桌，放上牛头、猪肉和各种酒水、糕点作祭品，然后烧香、磕头。村里有威望的老人还要代表全村人说一些吉利话，祈求风调雨顺、人畜兴旺。每个人都要围着敖包绕三圈，一边绕一边把上山时捡的石头添在敖包上，还要不停地往敖包上倒酒。之后，大家就地围坐，分食祭祀用的食品。

妇女不上山，而是去江边杀鸡求雨。鸡要求是母鸡，而且必须是单数。到了江边先点上香，然后杀鸡，之后扒下带毛的鸡皮，挂在支起的三角木架上。鸡肉煮熟后，由长者致祭词，祈祷老天爷快快送来珍贵的雨水，以解决干旱问题。祈祷后大家就在江边吃肉喝粥，还用江中之水，互相泼洒，以示降雨，祝福好运吉祥。按照传统，除了工具和生活用具，鸡肉等食品即使吃不完也不能带回家。

此外，二月二"龙抬头"时吃猪头、清明节上坟扫墓以及中秋节吃月饼，也是达斡尔族的传统。①

（三）锡伯族

锡伯族的传统岁时节日，既有春节、二月初二、清明节、端午节、中秋节等，又有西迁节、抹黑节等本民族特有的节日。

1. 二月初二

二月初二，俗称"龙抬头"，一般在惊蛰前后。这天，锡伯族人要打开门窗，用香柏叶烟熏虫。当日吃的食物以龙为名，图个吉利，并会耍龙灯舞，祈愿一年雨水充沛。

2. 清明节

锡伯族的清明节在春秋两季各举行一次。春季在农历三月，这时天气渐暖，河水解冻，人们从河里捞来鲜鱼做鱼汤，煮食高粱米饭，去给祖先扫墓，祭祀先人，称"鱼清明"；秋季则是在农历的七月，这时瓜果新粮都已下来，人们带着新鲜的瓜果菜肴去扫墓，祭祀古人，表示敬意，称"瓜清明"。

---

① 毛艳，毅松.达斡尔族：内蒙古莫力达瓦旗哈力村调查[M].昆明：云南大学出版社，2004.

3. 端午节

端午节当天，人们黎明即起，打扫庭院，将采来的艾草挂在门楣，合家饮雄黄酒，寄望平安。男人们骑马到野外公祭"祈年树"，祈求一年风调雨顺，秋收季节获得大丰收。年轻人在这天拿着盆、碗互相泼水。此外，这天还举行刁羊、射箭、赛马、唱秧歌等活动，十分热闹。过去锡伯族端午节不吃粽子，宰杀猪羊，煮熟后在榆树下分吃。随着各民族间文化交流的日益密切，现在也开始吃粽子了。

4. 五月十三

相传五月十三为关公单刀赴会的日子。锡伯族以前供奉关公，乡乡都建有关帝庙，故每逢这个日子，都由全乡摊钱，祭祀关帝。

5. 中秋节

中秋节，锡伯族人家都摆出月饼和瓜果，边吃边赏月，这跟汉族的习俗没有什么区别。所不同的是，由于锡伯族曾信仰萨满教，家族中出过萨满的人家，在这天都会宰杀山羊，祭祀北斗七星。一般人家虽不祭祀，但也吃山羊肉。到了夜间，萨满例行跳神，鼓声咚咚，响彻村落。看热闹的人们，从四面八方循声集聚而来。

6. 西迁节

西迁节源于乾隆二十九年（1764），至今已有200多年的历史。当年清政府下令征调部分锡伯族兵丁前往新疆戍边，农历四月十八日这一天，锡伯族同胞在盛京吃离别饭，饮离别酒，与骨肉同胞分别，踏上西迁征途。从此每年农历的四月十八日，无论是关东还是西北的锡伯族都要举行各种纪念活动。20世纪50年代以来，随着新疆与关东两地锡伯族民众之间越来越多的交往，西迁节过得更为隆重了，双方都要派出由锡伯族领导及少年儿童组织的访查团，互相进行慰问演出，交流感情，大大增进了两地锡伯族同胞的浓厚感情。

20世纪80年代以来，国家有关部门非常重视西迁节，每年沈阳市政府与市民族委员会都出面组织锡伯族民众开展各种各样的庆祝活动，和锡伯族同胞共同欢度传统节日。

从1982年开始，每年西迁节之际，沈阳地区的锡伯族民众都不约而同地聚集到沈阳市北陵公园，举行各种纪念活动。锡伯族同胞不分男女老少，一起野餐，载歌载舞，热闹非凡。

第四节
关东传统村落的典型民间文化

一、饮食文化中的茶酒文化

关东地区是传统游牧渔猎少数民族的聚居地，饮食中食肉较多，这种饮食结构使得茶酒成为当地必不可少的佐餐饮品。

关东地区的人们大多喜欢吃肉类和奶制品，因此对茶叶非常喜爱。除了红茶、绿茶、花茶等常规的茶叶外，蒙古族、达斡尔族、鄂温克族、满族等游牧民族还喜欢奶茶，奶茶是用青砖茶或黑砖茶熬熟后去残渣，加入牛奶或者羊奶制成的，味道鲜美。在过去的寒冷的冬季里，寒风刺骨，不宜外出活动，人们便会聚集在一起喝着茶，吃着点心，谈天说地。据《清稗类钞》记载，清朝时期满族还喜欢在喝茶时吃着自制的"茶食"，"俗于熟点心之外，称饼饵之属为茶食。盖源于金代旧俗，婿纳币皆先期拜门，戚属偕行，男女异行而坐，进大软脂、小软脂蜜糕人一盘，曰茶食"。[①]

关东地区的人们大多喜欢饮酒，这和当地的气候有着一定关系，游牧渔猎民族在寒冷的天气中外出狩猎，需要随身携带烈酒驱寒，久而久之形成了独特的关东地区的酒文化。人们不仅以酒御寒，还以酒会友、祭祀祖先。清朝时期，当地较为有名的酒有白酒、黄酒、米儿酒等，主要是用粮食发酵酿造而成，据《扈从东巡日录》记载："炊谷为糜，和以曲蘖，须臾成酝，朝酿而夕饮，味少甘，多饮不醉。"工艺较为随意简单，以前很多家庭都会自制酒水。

关东地区各民族饮食文化的大融合形成了当地独特的茶酒文化，虽然随着时间的流逝和社会的发达，有些饮食文化已经简化或消失，但是现在关东地区仍然保留着独具少数民族特色的茶酒文化。

二、关东民间的龙文化

中国地大物博，国土辽阔，南北方的文化差异也较大，这里将详细介绍关东地区龙文化的历史渊源。

龙究竟是什么？闻一多先生在《伏羲考》中提到，龙是一种

[①] 赵荣光.中国饮食文化史·东北地区卷[M].北京：中国轻工业出版社，2013.

图腾,"并且是只存在于图腾中而不存在于生物界中的一种虚拟的生物。因为它是由许多不同图腾糅合成的一种综合体,因部落的兼并而产生的综合图腾。……龙的主体是蛇,因为它兼并吸收了许多别的形形色色的图腾团族(氏族),大蛇这才接受了兽类的四脚、马的头、鬣的尾、鹿的角、狗的爪、鱼的鳞和须,于是成为我们现在所知道的龙了"。所以我们可以得知,龙的形象不是本来就有的,也不是一蹴而就的,而是在其他动物图腾的基础上逐渐演变形成的。

1978年5月在发掘沈阳新乐遗址大房址时发现了木质鸟形雕刻品一件,这件木雕刻品是通体两面雕刻,刀法娴熟,两面阴文大体一致,刻工精良,均匀对称,有的学者著文称之为"鹏鸟"。

1972年,在黑龙江省的东部密山县兴凯湖畔新开流遗址,出土了一件骨刻的鹰首,像一只引颈高飞的"海东青"。

1982年以来,辽宁省丹东市东沟县马家店乡三家子村后洼遗址,出土了40余件小型雕刻艺术品,其中用滑石雕刻的动物群有龙、虎、猪、狗、鸡、鸟、鹅等。①

············

从上面几处典型的遗址出土的鹏鸟、海东青以及其他雕刻物都有些原始宗教信仰的痕迹,由此推测,这些动物形象是北方地区原始族团的图腾。

1971年在内蒙古赤峰市翁牛特旗出土红山文化的大型玉龙,具有四种动物的特征:鹿眼、蛇身、猪鼻、马鬃。高26厘米,体呈C字形。吻部前伸,略向上弯曲,嘴紧闭,有对称的双鼻孔,双眼突

---

① 潘春良,艾书琴.多维视野中的黑龙江流域文明[M].哈尔滨:黑龙江人民出版社,2006.

图 4-6
红山文化玉龙

起呈棱形，有鬣，通身墨绿色。据有关专家考证，这是我国迄今发现的最早、最大的龙的造型形象，距今约有五六千年，被誉为"中华第一龙"。此后龙的形象多次出现在随葬品之中，由此可见，关东地区的少数民族在几千年前就开始崇敬龙这一图腾。

龙作为中国社会崇敬了几千年的图腾，蕴含着中国人敬畏自然天地的思想内涵，和中国民间文化的关系是极为密切的，关东地区的民间文化有着鲜明的地域特色，龙文化也染上了强烈的关东地域特色。

第五节
关东传统村落的特有民族歌舞及传统技艺

一、赫哲族

（一）伊玛堪

伊玛堪是赫哲族的一种民间说唱文学，主要讲述的是部落战争、民族兴衰、英雄事迹等，这些故事以叙事长诗的形式被记录下来，现存的有五十多篇。伊玛堪的唱腔也有许多分类，比较典型的有赫尼那调、赫里勒调、苏苏调、喜调、悲伤调和下江打鱼调等，表演时没有乐器伴奏，以说为主，会伴随着少部分的演唱。2011年11月23日，在巴厘岛举行的联合国教科文组织政府间非物质文化遗产委员会第六届会议上，赫哲族伊玛堪说唱被列入联合国急需保护非物质文化遗产名录。

说到伊玛堪，就不得不提到赫哲族的传统节日"乌日贡"，乌日贡大会每四年举办一次，于农历五月十五在四个赫哲族乡村轮流举办，节日期间，黑龙江、松花江、乌苏里江停止捕捞，进入休渔期，生活在三江沿岸或者散居在其他地区甚至国外的赫哲族同胞都会来参加乌日贡大会。乌日贡大会文娱节目的重点内容就是伊玛堪说唱，可见伊玛堪在赫哲族心目中的重要地位。

（二）鱼皮制作技艺

从枝叶蔽体到锦缎丝绸，中华民族的服饰文化可以说是源远流长、博大精深。蚕食桑叶而吐丝，摇丝轻纺而成纱，巧手裁纱终成衣，这是在大多数人印象里的纺纱制衣，但对于赫哲族而言却不是这样的。清朝张缙彦的《宁古塔·山水记》中记载："鱼皮部落食鱼为生，不种五谷，以鱼皮暖如牛皮。"心灵手巧的赫哲族妇女在把鱼肉烹调成可口的饭菜的同时将鱼皮也加工成了艺术品，2006年，赫哲族鱼皮制作技艺被列入第一批国家级非物质文化遗产名录。

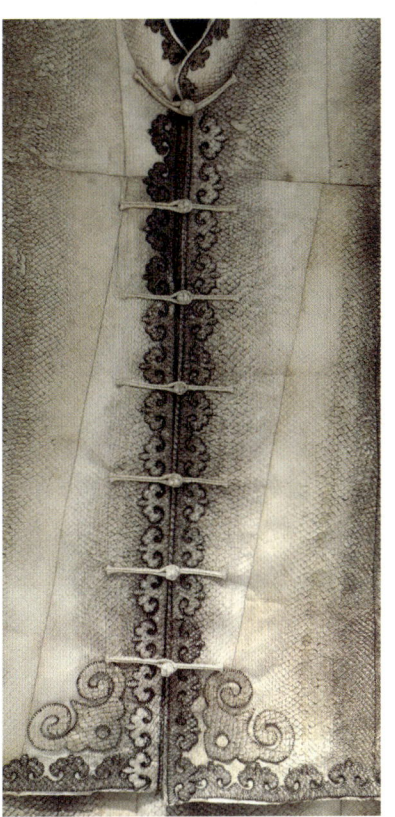

图 4-7
鱼皮衣（局部）

作为典型的渔猎民族，兽皮制衣是赫哲族的传统，他们穿的衣服大多是用鱼皮、狍皮和鹿皮制成，与其他渔猎民族不同的是赫哲族对于鱼皮的应用。大襟式的狍皮大衣是赫哲族男子的日常服饰，而衣服上鳃鱼骨制作而成的精致的纽扣可以说是独树一帜，精美无比。木刀、木槌、木槽等工具的熟练使用帮助赫哲族妇女完美地完成了剥皮、熟皮、缝制这三道最基本工序，胖头鱼皮经过复杂的处理做成了紧致耐用的鱼皮线，缝制、刺绣、裁剪、染色，赫哲族妇女就是这样将生活与艺术融为一体，将她们的生活艺术融入到这大自然的馈赠中。鱼皮衣无疑是赫哲族为中华文化贡献的一份瑰宝。

二、鄂伦春族

（一）摩苏昆

"摩苏昆"为鄂伦春族语言，意思是"讲唱故事"，其形式与赫哲族的伊玛堪类似。但在内容上，多侧重于讲述鄂伦春族英雄莫日根、神话故事以及鄂伦春族的社会生活等几类，悠久的历史和长期的渔猎生活使得摩苏昆带有鲜明的民族特色和山野气息。同样作为说唱体文学，与伊玛堪不同的是，摩苏昆在表演时通常说一段唱一段，说唱者不拘于时间地点，用豪放粗犷的曲调将所要表达的情绪或所要讲述的故事表现出来。现在，摩苏昆的传唱不仅是鄂伦春族的休闲娱乐方式，更是鄂伦春族文化传承的载体，其传承与发展对于研究鄂伦春族的风俗习惯、语言文字等具有重要的价值。为了更好地保护这一传统艺术，2006年，鄂伦春族摩苏昆被列入第一批国家级非物质文化遗产名录，2007年，被列入黑龙江省第一批省级非物质文化遗产名录。

（二）古伦木沓节

"古伦木沓"在鄂伦春语中意为"祭祀火神"，古伦木沓节是鄂伦春族祭祀火神的节日，也是鄂伦春族最为重要的传统节日。篝火舞是其中的一项重要表演内容，其中"吕日格仁"是一种群众性的舞蹈，篝火燃起，大家臂挽臂、手拉手围成圆圈踩步走圈，青年男女带头起舞，整个节日场地呈现出活泼欢乐的气氛，舞蹈的主要动作也来自鄂伦春族的日常生活实践，骑马、采红果、拨树丛等动作被简化，经过艺术加工形成了主要舞蹈动作，简单易懂的动作、韵律感强的音乐，即便不会舞蹈的人也能很好地融入这样的气氛之中。

除了"吕日格仁"，古伦木沓节上比较著名的舞蹈还有"斗熊舞"，"斗熊舞"的基本动作有"拖布""熊晃"等，这些动作的最初来源都是鄂伦春族在森林中狩猎打熊的场景，也充分地反映了鄂伦春族狩猎这一古老的民族传统。艺术源于生活，古伦木沓节上的活动无一不是对这句话很好的诠释，能歌善舞的鄂伦春族用一双发现美的眼睛探查生活的艺术，缔造了他们艺术的生活。2006年，古伦木沓节被列入第一批国家级非物质文化遗产名录。

（三）兽皮制作技艺

鄂伦春族是一个典型的渔猎民族，以狩猎为主、打鱼为辅，长期的渔猎生活造就了他们独特的手工艺，兽皮制作就是其中之一。兽皮制作的主要原料是狍皮，通过熟皮、刮皮、缝合等步骤进行制作，部分兽皮制品还会加上纹饰和刺绣来使之更加精美，绣在衣服上的图案主要有太阳、月亮、山川、河流等，此外还有一些典型的萨满图腾。经过这些步骤，兽皮被做成了保暖实用的衣服、手套、帽子等，柔软轻便、结实耐用的狍皮衣很好地帮助鄂伦春族适应了高纬度的严寒，同时也满足了鄂伦春族狩猎习惯的需要。随着生产生活的变化，兽皮制作面临着濒临消失的境地，迫切需要得到保护。

图 4-8
兽皮制品

（四）民歌赞达仁

在鄂伦春语中"赞达仁"有山歌、小调的意思，鄂伦春族在狩猎归途中，往往会高歌一曲，表达获得猎物的喜悦心情。赞达仁可以泛指歌舞以外的一切民歌，主要有两种表现形式：一种是无词类，这种无实际意义歌词的赞达仁主要通过演唱者的表现力和情绪的感染力来渲染内容，形式、节奏相对比较自由；另一种有词类的赞达仁形式类似于小调，节奏整齐、词腔统一，这种类型的赞达仁也构成了赞达仁民歌的主体。2008年，鄂伦春族民歌（鄂伦春族赞达仁）被列入第二批国家级非物质文化遗产名录。

三、达斡尔族

（一）鲁日格勒舞

鲁日格勒舞是达斡尔族最为古老的舞蹈，至今已有几百年的历史，以群舞为主，多表现狩猎生活和劳动场面，表演者多为女性。鲁日格勒舞没有乐器伴奏，用歌曲或用呼号来统一节奏，舞歌的曲调一般比较明快，节拍严整，充满热情、活泼、风趣与欢乐。

关于鲁日格勒舞的起源，有两种说法，一种说法是与萨满文化有关，达斡尔族信奉萨满教，崇拜的神灵擅长舞蹈，而最初的萨满都是由女性来担任的，故鲁日格勒舞的表演者也多为女性。当前还有一种说法认为鲁日格勒舞起源于远嫁女子思亲而起舞，她们学习雄鹰展翅，这一动作也成了鲁日格勒舞的基本动作之一。

提到鲁日格勒舞，不得不提的就是"哈库麦勒"，达斡尔族的聚居地不同，生活在莫力达瓦地区的达斡尔族将其舞蹈称为"鲁日格勒"，而生活在齐齐哈尔地区的达斡尔族则主要采用"哈库麦勒"的称呼。除此之外，"哈库麦勒"与"鲁日格勒"一个重要的区别还在于表演场地，"鲁日格勒"的表演场地主要在室外的篝火旁，而"哈库麦勒"的场地主要是在有万字炕人家的室内。

如今，在鲁日格勒舞的原生地区，这种民间舞蹈备受冷落，面临失传的危机，急需采取保护措施。同样，哈库麦勒歌舞也和其他民间艺术一样，处于濒危状态，急需采取必要的措施加以保护。2006年，达斡尔族鲁日格勒舞被列入第一批国家级非物质文化遗产名录。

（二）乌钦

乌钦是达斡尔族的一种民间说唱文化，主要流传在内蒙古自治区呼伦贝尔盟莫力达瓦达斡尔族自治旗及黑龙江省齐齐哈尔市梅里斯等达斡尔族聚集区。达斡尔族信仰万物有灵的萨满文化，在萨满仪式上会有萨满唱长篇的祷词来祭拜神灵等，随着萨满文化的发展，一些简单的说唱活动从萨满仪式中分离出来，发展成有人物和故事情节的叙事诗歌，在很长一段时间内，这种艺术表演并没有对应的独立名称，后来，这种说唱表演的内容不断扩充，将社会生活也融入其中。真正定名"乌钦"，是在清朝受满族文化影响之后，"乌钦"与满语中的"乌春"（ucun）相似，满语意思为"歌曲"。清末，达斡尔族一直用满文音写达斡尔语进行乌钦的创作，直到新中国成立以后，达斡尔族又出现了一群优秀的乌钦创作者，产生了民间乌钦和文人乌钦。

随着时代的发展，乌钦已经不单单是简单的叙事说唱作品，还加入了文人的抒情性作品，这些内容的加入充分体现了乌钦这一民间艺术形式为适应时代作出的变化，为了更好地保护这一民间说唱艺术，2006年，国务院将其列入第一批国家级非物质文化遗产名录。

四、满族

（一）刺绣

满族的刺绣工艺是省级和国家级非物质文化遗产项目，是具有代表性的满族民间艺术。清朝时期，无论家境如何，满族少女自幼必须学习刺绣，为自己准备出嫁用品，并且少女刺绣技艺也是外人评价她是否心灵手巧的重要标准。

值得一提的是，满族刺绣的图案与萨满文化也有着密切的联系，是萨满文化的民间表现艺术。萨满教信奉万物有灵，敬畏天地自然，因此，在满族刺绣纹样中有山川、河流、草木、鸟兽、昆虫等，展示出了人与自然和谐相处的景象。满族人把乌鸦看作黑夜里的警卫鸟，可以保护人们平安，乌鸦是满族人祭祀的重要对象之一，由此，在满族的绣样中，乌鸦是经常出现的形象，大多色彩多样，张开嘴巴，似乎在告诫人们注意安全。

满族刺绣实用性很强，在日常生活用品和服饰上随处可见，如鞋子、帽子、衣服、枕头等，但比较典型的还是荷包，荷包有传递

图 4-9
荷包

思念寄托祝福的意思。满族人对于荷包的佩戴有很多讲究,比如在端午节的时候女人会把特制的小荷包戴在发髻上,男人的荷包一般戴在腰带两侧,官宦和富豪人家还会选择用金银线刺绣来展示高贵的身份。荷包上绣的花纹不同也会传达不同的意思,比如:绣有并蒂莲花、鸳鸯、喜鹊图案的用来表达爱情幸福美满的意思;绣有"福""寿"字样的一般用来送给老人,祝福老人健康长寿;绣有蝙蝠的图案意味着驱灾辟邪、幸福平安。

满族刺绣是满族文化的深厚积淀,从刺绣中我们既能看出满族的传统精神信仰,又能看出满族人对于生活的热爱和期盼。多地的满族刺绣,如长白山满族枕头顶刺绣、锦州满族民间刺绣、岫岩满族民间刺绣,已经被列入国家级非物质文化遗产名录。

（二）满族说部

满族说部是满族及其先民口耳相传的一种古老的民间长篇说唱艺术，满语称"乌勒本"（ulabun），汉译为传或传记。多由族中长者焚香宣讲，常配以铃鼓扎板，夹叙夹唱，意在说"根子"、敬祖先和颂英烈，听者谦恭有序，分外虔敬。主要在氏族内以口耳相传，代代承继。早期多用满语说唱，清中叶满语渐废，遂改用汉语讲唱，其中夹杂一些满语。

满族说部植根于满族及其先民讲古的习俗之中，考其源，盖出于满族氏族对先代英雄的崇拜。说部风格凝重，气势恢宏，包括部落崛起、蛮荒古祭、开拓创业、英雄史传、民族习俗和生产生活知识等，被称为"北方民族的百科全书"。内容主要由三个部分组成：一是对本民族重大事件的总结和评说；二是由遴选出来的本民族专门成员承担整理和讲述民族英雄和先祖故事；三是由一条主线和许多分支展开的整体，讲述一个系统完整的故事。比较著名的作品有《西林安班玛发》《萨布素将军传》《乌布西奔妈妈》等。

说部是满族及其先民历史的记忆，弥补了我国北方历史文献记载之不足，是民族史、疆域史、民族关系史以及人类学、社会学和民俗学研究的珍贵资料。对满族说部的保护不仅对于满族传统文化的传承起到了很好的促进作用，也为人类认识和传播文明提供了坚实可靠的理论来源。满族说部蕴藏丰富，但讲说与传承者多系特殊群体，现已人数不多，开展抢救性保护工作刻不容缓。2006年，满族说部经国务院批准列入第一批国家级非物质文化遗产名录。近年来，满族说部作为课题已列入中国社科院科研项目和"中国民族民间文化保护工程"国家试点项目，但抢救保护的任务仍然相当繁重。

（三）满族珍珠球

珠珠球是满族的一种传统体育项目，有着 300 多年的历史，其发源地为吉林省吉林市龙潭区乌拉街满族镇，是满族重要的体育文化遗存之一。

关于珍珠球运动的起源，我们可以追溯到 2000 多年前满族的起源。满族的祖先来到关东的黑龙江、乌苏里江流域定居之后发现了这里丰富的渔业资源，于是就开始了渔猎生活，他们在打鱼捞虾的同时捕获了大量的蛤蚌并采摘其中的珍珠。那个时候，渔夫从江里捞到蛤蚌就会抛向渔船，船上的人就会用网接住，别的渔船上的人看到收获就会一起过来争抢蛤蚌，这种争抢并不是建立在珍珠的物质价值上的，而是因为珍珠的象征意义，珍珠代表着纯洁幸福、吉祥富贵，谁抢到的珍珠越多谁就能获得更多的吉祥与幸福，就是这样一个有争有抢、有攻有守的过程在后期逐渐发展成了珍珠球这一体育项目。

早期的珍珠球运动完全就是采珍珠这一劳动场景的再现。场地上有河区、蛤蚌区、船区三个区域，河区的运动员扮演采珠人的身份，将涂成白色的皮球传给船区的运动员，在这个过程中，蛤蚌区的运动员会进行阻拦，整个过程基本模拟在江水里采珠的过程，充满着劳动人民的生活气息。

一直以来，珍珠球这一体育运动都是基本按照传统的方式开展，1991 年，珍珠球运动被正式列入第四届全国少数民族传统体育运动会的比赛项目，并将其在传统体育运动会项目的基础上进行了调整。有专门的运动场地，将原来的三个区域划成五个区域并以不同颜色显示，并且有明确的时间限制和比赛规则。

珍珠球经过世代演变，成为一种地方特色体育运动，在清朝时期，珍珠球曾是球类比赛的领军项目，有着辉煌的历史。对珍珠球的抢救、发掘、保护和发展，对弘扬民族传统体育项目，丰富世界体育宝库，有着积极的推动作用。2008年，满族珍珠球入选第二批国家级非物质文化遗产名录。

五、朝鲜族

（一）跳板

跳板是朝鲜族一项传统的体育运动，最初是在朝鲜族群众聚集的辽宁省、吉林省等地区兴起，是当地朝鲜族妇女用来锻炼身体的一项体育运动。

跳板一般长近6米，宽40厘米，厚5厘米左右，大多用木质坚硬又极具弹性的水曲柳木板制成。中间有一个支点，跳时两人分别站在两端，通力合作，轮流起跳，利用跳板的反弹力把自己和对方弹向空中。这样反复地一起一伏，两人轮流向上跃起，不断增加腾空的高度并做出不同的动作。

跳板的起源有着这样一个美丽的传说：一位朝鲜族的妙龄女子有了自己的心上人，但是父母把她困在深宅大院里，她无法出门与心上人见面，一天她想出了一个办法，她和妹妹在院中支起跳板做游戏，腾空而起的瞬间，她终于看到了心上人。

现如今，朝鲜族人一般在每年的正月十五、端午节以及农闲期间跳板，这时候，朝鲜族的妇女甚至老太太都会尽情地参与跳板运动，她们边跳边唱民谣，还可以在空中做出各种动作和技巧，场面十分热闹。跳板作为一项参与性极强的民俗体育运动，在2006年被国务院列入第一批国家级非物质文化遗产名录。①

（二）洞箫音乐

洞箫是中国朝鲜族的一种传统乐器，至今已有一千五百余年的历史。据高句丽史书《乐志》记载，洞箫最早是从唐代传入朝鲜半岛，当时在朝鲜是专供皇家观赏的，朝鲜时代后期，才从皇室走到民间，得到了平民百姓的广泛喜爱和欢迎，逐渐成为朝鲜族的传统乐器，并随着朝鲜族移民进入中国。

洞箫音乐的表演风格带有明显的朝鲜民族风格，每逢节日或婚宴盛典，朝鲜族的洞箫爱好者都会聚集在一起进行洞箫音乐的表演，具有很高的观赏性和艺术价值。2008年，洞箫音乐被列入了第二批国家级非物质文化遗产名录，但仍有必要进一步加强保护工作，推动这一优秀民族艺术稳定传承并走向繁荣。

（三）鹤舞

鹤舞起源于朝鲜的大型宫廷歌舞，明末清初，随部分从朝鲜迁入中国的人一起传入中国，在中国已经有几百年的历史，是朝鲜族

---

① 钟廷雄.国家级少数民族非物质文化遗产集解[M].北京：中央民族大学出版社，2014.

唯一的鸟类假面舞。舞者身着鹤形道具，模仿鹤的神态、动作而舞，是柔美、舒展的民间舞蹈。鹤舞表演分为五个环节：鹤出场、鹤模仿、啄莲花、与鹤童共舞、鹤飞翔。舞者身穿彩色上衣、长裤，腰扎彩带，脚穿用桦木制作成的木鞋，随着洞箫、笛子等音乐声的响起，舞者开始模仿鹤的各种动作翩翩起舞。

鹤舞作为一种模仿鸟类的舞蹈，具有浓郁的民族特色和艺术价值，鹤高贵优雅的姿态正折射出了朝鲜族人民崇尚自然、高尚清廉的美好愿望和追求。除此之外，鹤还被视为长寿的象征，因此，每当朝鲜族有祭祀仪式、民族节庆、婚宴、寿宴等活动时一般都会进行鹤舞表演，以祈求长寿和吉祥幸福。

图 4-10
鹤舞

鹤舞已经于 2008 年被成功列入第二批国家级非物质文化遗产名录，在保护与传承的路上还要继续努力。

（四）长鼓舞

长鼓是细腰鼓的一种演变，其历史最早可以追溯到古代的印度。在汉代，长鼓舞随着丝绸之路传到我国的内地，在很长一段时间内，长鼓舞在中原内地无迹可寻，但在朝鲜族民间仍然比较盛行。

长鼓舞是朝鲜族最具代表性的舞蹈之一，明清时期，部分朝鲜族人从朝鲜半岛迁到中国，长鼓舞也随之传入，经过长期发展，逐渐形成了具有中国特色的朝鲜族长鼓舞。

为保证长鼓左右两侧音高不同，长鼓左鼓面由獐皮制成，较厚；右鼓面由狗皮所制，较薄。中间鼓筒多用木材或薄铁制成。

长鼓舞的舞蹈动作以击打长鼓为基础，舞者肩挎长鼓，右手持鼓鞭，边跳边敲，节奏有快有慢，极富变化，集演奏、演唱、舞蹈于一体，以优美的舞姿和娴熟的鼓技将舞蹈的风格和朝鲜族风情展现出来，实现了人、鼓、乐的高度协调，令人印象深刻，回味无穷。

2008 年，朝鲜族长鼓舞被列入第二批国家级非物质文化遗产名录，目前，长鼓舞陷入了后继乏人的困境，一些高难度的击鼓技巧已经失传，亟待我们的保护与抢救。

六、鄂温克族

鄂温克族是关东地区的一个少数民族，其族源多认为源于室韦，主要分布在内蒙古呼伦贝尔市和黑龙江讷河市等地，"鄂温克"的意思是"住在大山林中的人们"，大部分人以游牧为生，其余从事农耕。

（一）瑟宾节

瑟宾节是鄂温克族的古老节日，"瑟宾"是鄂温克语，为"欢乐祥和"的意思。传统的瑟宾节民俗活动包括：祭祀山神（或敖包），民族歌舞表演，传统竞技，游戏，野餐酒宴，篝火晚会。其风俗形态原始古朴，独具特色。

以前的鄂温克族庆祝瑟宾节的活动是围绕熊展开的，鄂温克族不同部落的首领主持瑟宾节，部落的成员聚集在一起庆祝，猎人们在林间空阔处点燃篝火，烹煮熊脖、熊头，吃熊肉、喝熊汤。随后，猎人们会围绕篝火起舞，祭祀他们的山神"巴依纳查"。最后他们会去山林中寻找一棵理想的树，将熊的头骨悬挂在树枝上以示崇敬。

之所以祭拜山神是因为山曾经是氏族部落的起源地，鄂温克族人认为一切野兽都属于山神，猎人们之所以能够打到猎物是由于山神的恩赐。而以熊为中心的图腾崇拜则是由于鄂温克族将熊视为自己的祖先，枪支传到鄂温克族以后，他们开始猎熊，但猎到熊后，鄂温克族一定会举行隆重的仪式以请求原谅。

由于不断迁徙的原因，瑟宾节在中国境内的鄂温克族中一度失传，现在鄂温克族庆祝的瑟宾节是从1994年开始的，通常会举行民族体育、歌舞、游戏等形式的活动。鄂温克族的瑟宾节于 2011 年入选第三批国家级非物质文化遗产名录。

（二）民歌

鄂温克族的民间音乐反映了自然斗争、经济生活和劳动生产等内容，人们往往触景生情，即兴填词，很多歌曲都是用同样曲调在不同场合填上不同的词来表达当时的喜怒哀乐之情。

鄂温克族传统民间歌曲《母鹿之歌》，是一首具有代表性的原生态长篇叙事民歌，产生于遥远的狩猎时代，体现出鄂温克族热爱大自然、热爱生命的意识。

《母鹿之歌》讲述了一个感人的故事：远古狩猎时代，有个猎人射中了一只母鹿，母鹿带伤奔跑。猎人追赶上去时，看到奄奄一息的母鹿在安慰和嘱咐小鹿。母鹿和小鹿之间催人泪下的对话让猎人产生了深深的负罪感，对自己的行为感到后悔。音乐带有鲜明的原始风格，显示出鄂温克族游牧民歌舒缓、优美、淳朴的特点，旋律如泣如诉，感人至极，凝聚着古老狩猎民族的诚信观念、善良品行和生存智慧，为远古文明和民间音乐的研究提供宝贵资料。

鄂温克族民歌（鄂温克叙事民歌）于 2008 年入选第二批国家级非物质文化遗产名录。目前，随着母语的较少使用和本民族歌手的减少，鄂温克族民歌的传承日益陷入困境，急需保护。

（三）萨满舞

鄂温克族信仰萨满教，萨满在祈神、祭祀、驱邪、治病等活动中会表演一种祭祀性的舞蹈，由男女巫师分别表演。萨满舞的表演一般由祝祷、请神、神附体、送神等几个部分组成。表演时，萨满头戴鹿角帽或熊头帽，身着饰有兽骨、兽牙的神服，手持萨满鼓载歌载舞。

通过舞蹈手段，萨满充当联通众神灵与人之间关系的使者，舞蹈时，萨满手击皮鼓，腰部小幅甩劲，步伐多为走步、回旋和蹦跳，边击鼓边念唱祷词或咒语。舞蹈动作多为模仿野兽或者雄鹰，夸张又豪迈。

萨满舞是鄂温克族的一种充满神秘色彩的民俗事项，保留着原始氏族时代自然崇拜、图腾崇拜的痕迹，对研究其历史文化有着极高的参考价值。

中国传统村落
文化抢救与研究

文化区系列

Chinese Traditional Villages

第五章

关东典型传统村落

关东地区村落由村庄、农地以及周围的环境形成相对独立的生态系统。当地受地理环境、文化习俗的影响形成了独特的村落环境、传统村落选址与格局、传统建筑、历史环境要素、非物质文化。典型传统村落充满了整个关东地区，在建筑、村落布局、村落环境方面都有其相似性；但是在村屯整治规划后，有些村庄更应该说是新兴的关东村落。本书选择部分传统村落与新兴村落为代表来向读者展现关东地区的村落特色。

表5-1 关东典型村落情况表

序号	名称	所在地区	村落特色	所属省份
1	呼玛镇	大兴安岭地区	最后的萨满居住地	黑龙江
2	富拉尔基村	嫩江齐齐哈尔段下游西岸	达斡尔族特色村落	黑龙江
3	李花站村	大兴安岭呼玛县鸥浦乡东南部	中俄混血人口聚居区域	黑龙江
4	方正县	哈尔滨市中东部	中国富硒大米之乡、中国民间艺术(剪纸)之乡，黑龙江省著名的侨乡	黑龙江
5	八岔村	佳木斯市同江市	赫哲族主要聚居地之一	黑龙江
6	依西肯乡	塔河县	少数民族聚集村落，有蒙古族、满族、鄂伦春族等多个少数民族	黑龙江
7	三合村	大兴安岭地区呼玛县鸥浦乡	特色知青村落	黑龙江
8	横道河子镇	海林市	有着如"世外桃源"的美丽景色，曾登上《美国国家地理》封面	黑龙江
9	拉林镇	五常市	京旗文化的摇篮	黑龙江
10	白龙村	延边朝鲜族自治州图们市月晴镇	传统朝鲜族民宅，国家级少数民族特色村寨试点示范村	吉林
11	上龙头村	通化市金厂镇	关东地区村落特征明显	吉林

续表

序号	名称	所在地区	村落特色	所属省份
12	锦江村	白山市抚松县漫江镇	长白山满族木文化遗存，是满族的发祥地之一	吉林
13	孙家村	长春市农安县前岗乡	关东地区村落特征明显	吉林
14	新堡子村	葫芦岛市绥中县李家堡乡	上百年的瓦房，"硬山式""囤顶式"民居建筑	辽宁
15	西沟村	葫芦岛市绥中县永安乡	西沟长城，长城建筑的典范	辽宁
16	唐杖子村八盘沟	朝阳市朝阳县北四家子乡	被列入中国传统村落保护名录	辽宁
17	腰站村	抚顺市新宾满族自治县上夹河镇	新宾满族自治县中目前唯一的清皇室后裔聚居村	辽宁
18	赫图阿拉村	新宾满族自治县永陵镇老城村	明代古遗址，被列入第六批全国重点文物保护单位名单	辽宁
19	西大杖子村	朝阳市朝阳县柳城镇	红蘑、秧歌	辽宁
20	三道沟村	朝阳市朝阳县西五家子乡	传统民族民间舞蹈形式	辽宁

第一节 黑龙江

一、大兴安岭呼玛县鸥浦乡李花站村

（一）李花站村简介

李花站村位于大兴安岭呼玛县鸥浦乡东南部，紧邻黑龙江边，东与俄罗斯隔江相望,因春季稠李花绽放,仿置身于稠李花的海洋而得名。李花站村是一座人口不足100人的小村庄,可是由于在特殊年代成为众多异乡人的避难所,因此也刻录下一段边界的历史。相传,20世纪30年代,有俄罗斯七姐妹来到此地与当地汉族人成婚,逐渐形成了具有俄罗斯血统的特色村落。村中约85%的人是中俄后裔,有着明显的俄罗斯血统特征,每一家都住俄式的木刻楞房子。在李花站这样一个"混血村庄",可以看到超越肤色、空间、信仰、语言的家庭,这鲜活的真相则比教科书上的历史更加令人感动。2009年李花站村被黑龙江省正式批准为俄罗斯民族村。

(二)李花站村居民来源与组成

1. 俄罗斯移民

1858年《瑷珲条约》和1860年《中俄北京条约》的签订规定了俄国可在贸易口岸处设立领事馆,因此许多俄商、传教士及领事馆人员的眷属便开始移居黑龙江地区,这可称得上俄国人移民中国的历史起源。俄国移民状况可分为三个时期,即清末的俄国淘金移民,1897年以后的中东铁路移民以及1917年俄国十月革命后的流亡移民。李花站村中俄后裔占全村人口的约85%,而他们的先辈大多是在1926年移居过来的。

2. 闯关东的拓荒者

清朝,山东人"泛海",河北人"闯关",从海陆两条路线向关东大移民。起先他们定居于辽河流域,至嘉庆和道光年间开始大量进入黑龙江地区,粗略估计已有两千余万移民来到关东。

（三）李花站村文化上的混融

1. 食品：大列巴

李花站村村民平时都吃面食，米饭仅是辅助。他们将面食做出各式的花样：馒头、蒸饺、包子和饼，这些都是中国的传统食品。不同的是，他们还喜欢大列巴（俄式面包），这是在中国其他村庄见不到的。

2. 服饰：布拉吉

20世纪中叶以前，李花站村的俄裔小女孩从很小的时候就开始穿裙子，而这种小碎花的裙子，叫作布拉吉。俄罗斯女人们都会做裙子，都有缝纫机，冬天里也穿着布拉吉，只是里头穿着薄棉裤，

图 5-1
大列巴

有时在头上系个头巾，一副典型的俄罗斯人装扮。

3. 建筑：木刻楞

李花站村村民住的都是俄罗斯式的木刻楞房子，地楞高，带走廊。房子都是由最好的落叶松木建造而成的，盖房子的时候把一根一根木头放倒，在木头上掏槽，在凹槽里还放上树毛（山上的一种草本植物），一层一层地堆垒。最初的屋顶是白桦皮做的，后来用木头，再后来用油毡纸，到了现在是铁皮的屋顶。这样的木刻楞房子在冬天里很暖和，能够抵御大兴安岭的风雪严寒。

图 5-2
木刻楞（局部）

（四）俄罗斯民族村特色

1. 文化的二元性

文化的二元性主要表现在衣食住行等方面。服饰方面，由于最初来此的主要是俄罗斯妇女，所以在他们以及第一、二代混血后裔生活的年代，女性都穿着俄罗斯式的连衣裙，但是到了第三、四代混血后裔，女性着装基本与汉族相同。饮食方面，主要表现为中西兼备，日常生活中普遍食用馒头、烙饼、面条、米饭等中式饭菜；俄罗斯老人们活着的时候，经常做面包、奶茶、果酱、俄式大菜汤等多种俄罗斯风味的饭菜。在建筑方面，中俄后裔文化的二元性在民宅建筑方面表现为建筑格局汉化和建筑式样、屋内布置的俄罗斯化。①

2. 多民族文化的包容性

由于杂居混处，中俄后裔不免在生产生活上互通有无，文化上相互交流和学习，加上他们的父母都具有容异心理，包容彼此的优缺点，自愿结合，中俄后裔也传承了父母的这一文化特性，没有排斥异文化的心理，能很好地吸收和学习其他民族的文化，所以中俄后裔的文化具有多民族文化的包容性。

3. 文化的不平等性

俄罗斯人是以移民的身份来到李花站村的，在当地男多女少、性别比例失调的情况，为中俄男女的结合打下基础。文化传承在性

---

① 魏影，王晓琳.走进北方家园：李花站村纪行[M].哈尔滨：黑龙江大学出版社，2010.

别上的差异十分明显。服饰上，男性多偏于中国式，女性多重俄式；语言上，女性擅长俄语的比例高于男性……总的来说，汉族文化在其整个文化系统中占有主体地位，同时对各方面的优势部分加以保留和吸收。

4. 文化的变异性

主要表现在部分文化特质的独创性上，既不同于俄国文化，也不同于中华文化，而是在借鉴两国传统文化的基础上发展出一种新的文化特质。例如，在房屋建筑方面，木刻楞在俄罗斯是不用地基的，但由于李花站村地表潮湿，因此改用石头做地基，中俄技艺的结合产生了全新的建筑工艺。

二、大兴安岭地区呼玛县鸥浦乡三合村

（一）三合村简介

三合村隶属于黑龙江省大兴安岭地区呼玛县鸥浦乡，位于黑龙江上游左岸，北距鸥浦乡政府所在地30余里。1958年第二次开发建设大兴安岭林区时，它曾是开发建设大军的登陆地，1969年在保卫"吴八老岛"的战斗中，因为村民英勇顽强的对敌抗争表现而被中央军委授予了"三合战斗村"的光荣称号。

（二）知青在三合

为了响应毛主席发出的"知识青年到农村去""接受贫下中农的再教育"的号召，1968年9月到1970年末，先后有155名上海市知识青年、33名齐齐哈尔市知识青年、10名呼玛县知识青年响应党的号召来到三合村"插队落户"，"保卫边疆、建设边疆"，"接受再教育"。这些知识青年年龄最大的只有22岁，最小的才15岁，都是初中或高中毕业的学生。他们离开家乡、父母和亲友，不远万里来到农村插队。这些知青们的到来，不仅分担了国家困难，缓解了社会矛盾，更为三合村的开发建设注入了新鲜活力。

插队十年，知青们付出的不仅仅是汗水、热血，还有青春，边疆的人民永远记着他们顽强奋斗的身影。

为了改变三合村贫困落后的局面，知青们安发电机，架输电网，建起小电厂，结束了三合村煤油灯照明的历史，还买来链轨拖拉机、胶轮拖拉机、手扶拖拉机、联合收割机，置下了两套农机具，用上了磨面机、碾米机、榨油机，实现了生产的机械化、半机械化。

为了多种经营，广谋出路，知青们还从当地实际出发办起了养猪场、养禽场，尝试养牛、养羊。每年春种秋收大忙季节或"五一""十一"等节日，杀猪、宰牛，大大改善了当地的生活。为了捕捞江鱼，他们还花钱购进了渔网，专门成立了以知青陶维新为首的打鱼组，产量虽不多，但攒几天食堂就能炖上一大锅肥肥的鲜鱼。

知青们在的时候条件差，劳动也很艰苦，但他们的生活是多彩的、快乐的。为了活跃业余生活，知青们建起了广播站，一批擅长写作的知青当记者，经常采编、播出一些身边的好人好事，大大鼓舞了知青们的士气。每天早晚，大喇叭都播出中央人民广播电台的新闻和乐曲，使边远的小山村透出浓浓的现代文化氛围。他们还自行创作了一批反映三合村战斗生活的文艺作品，并多次参加县、地区的会演，为三合村争得了荣誉。

医疗方面，卫生所的赤脚医生服务在大家身边，改变了缺医少药的状况；教育上，自力更生办小学，选拔优秀知青任教；交通上，外来的汽车和本村的两台胶轮机车往来于三塔公路，使得三合村的交通明显优于邻近的正棋、怀柔等村。

（三）1969年中苏冲突

1. 吴八老岛上的冲突

1967年春季，苏军趁呼玛县学生登岛执行任务时，在炮艇的掩护下，也强行登上了吴八老岛。更为严重的是，他们无视我方的抗议，对我方人员大打出手。

在这之后，为了维护国家尊严和领土主权，本着寸土必争的方针，我方对苏方得寸进尺蚕食我国领土的行为展开反干涉、反蚕食斗争。但苏联方面的入侵行为仍在继续，1967年7月30日，苏方出动三四十个军人上岛干涉，次日增加到70多人，还出动炮艇、登陆艇、巡逻快艇、自动驳船十余艘，苏军中校、少校乘直升机亲临现场指挥，大摆阵势，对我方登岛手持生产工具的群众进行军事威胁。

1968年8月12日，苏军悍然入侵我国领土，引起两国的紧张对峙。

图 5-3
吴八老岛石碑

2. 三合村建成了战斗村

从 1969 年 3 月初至 5 月 11 日,苏军出动飞机与炮艇,不断侵犯吴八老岛地区领空与领水,进行侦察挑衅。4 月 13 日至 7 月 21 日,苏方架设高音喇叭用汉语进行反宣传,攻击我方政府。与此同时,苏军又开始调兵遣将,让村民撤离村庄,调进军队修筑工事。

为了保卫祖国、保卫家乡,应付苏军的边境挑衅,1969 年 3 月下旬,上级决定向吴八老岛派出部队。他们在三合村建立了051、052 两个前指,急调部分野战部队进驻三合村一线,紧急修筑了通往江边的公路，沿江一线构筑了长达615米的环形交通壕和战壕，构筑各种轻武器火力发射点131个、防炮隐蔽部22个。村民在村中临江住户的房屋下面挖掘互相连通的地道500余米。在11千米外的山里还建了一个"二线村"，准备撤退后在新址坚持战斗。尽管所筑工事与地道极为简陋，但当地军民没有坐等而是认真地做了打仗的积极准备，以自身的实际行动表现了中华民族抗击外敌入侵的优良传统。

在严酷的对敌斗争中，在实实在在的枪林弹雨下，三合村经受住了严峻的考验，被中央军委授予"三合战斗村"的光荣称号。①

（四）红色旅游

三合村是鸥浦乡人均耕地最少的村落，2009年进行了泥草房改造，近几年还对村内道路进行硬化，全村的砖瓦化率达到90%。现在，村里还搞棚室蔬菜种植和特色种养业，三合村百姓生活水平显著提高。鉴于三合村美丽的自然景观和红色历史积淀，多年前，呼玛县委县政府就提出要重点打造三合旅游村，并逐步改善三合村的基础设施。为把红色人文景观和绿色自然景观结合起来，把革命传统教育与促进旅游产业发展结合起来，县委县政府陆续投入百余万元打造三合村旅游基础设施，对房屋、路面、广场、花坛、路灯、民宿牌匾等进行了整修，还进行了旱厕变水厕的改造工程。

三合村依托红色文化背景发展旅游产业，积极利用现有的旅游资源，发展民宿旅游。当地政府组织村民专门赴漠河考察，通

---

① 魏影.山村那边是界江：三合村纪行[M].哈尔滨：黑龙江大学出版社，2009.

过参观学习外省市的民宿旅游，使村民增进了对民宿旅游的了解，增加了发展民宿旅游的信心。

三、黑河市新生鄂伦春族乡新生村

（一）新生村简介

新生乡位于小兴安岭北坡，刺尔滨河、索尔其干河畔，黑河市西北部，距黑河市区约76千米的车程，许多乡级单位设于此。新生乡被称为"北方游猎第一乡"，是目前全国唯一保存传统狩猎习俗的村落。1953年春，为了妥善安置鄂伦春族群众，瑷珲县政府投资14亿元盖建新房，辖区内14个部落的鄂伦春族群众下山定居，开始新的生活，故名"新生村"。

新生村依山傍水而建，地属小兴安岭山脉，支脉、河谷交叉分布，状似叶脉，被小兴安岭环绕。地势北高南低，由于地质构造变动和物理风化作用，形成剥蚀地形、侵蚀地形、堆积地形和火山岩地形，构成低山、丘陵和河谷地貌类型。村落沿小兴安岭、河谷交叉分布，呈叶脉状。丘陵分布于低山两侧。河谷主要有阶地和漫滩两种，阶地较为平坦，局部略有起伏；漫滩存在于大小河谷两侧及河床中，因冲积而成。

新生村的传统不在于年代的久远程度，而在于它保留的文化。村子里保留着最"地道"的鄂伦春族文化：渔猎文化、桦皮工艺文化和采集文化等。

（二）新生村居民来源与组成

1. 鄂伦春族居民下山定居

鄂伦春族长期游猎于关东的深山老林，居无定所，漂泊不定。那里山高林密，各种野兽出没，獐狍野鹿随处可见，是狩猎的好地方。他们身着兽皮服装，一人一杆枪，一人一匹马，勇敢朴实的鄂伦春族在密林深处度过了一个又一个日日夜夜。新中国成立后，鄂伦春族群众从深山里走出来，在国家的财政支持下，新房一座一座建起，浮萍般漂泊的鄂伦春族逐步实现了定居。

2. 外来人口

新生村建立以后，也有不少外来户，其中大多数是来投亲靠友的。由于当地自然资源丰富，有着获取经济效益的空间，对来投亲的外来户具有极大的吸引力。经过长期的发展，新生村的民族成分变得复杂，少数民族人口以鄂伦春族为主，还包含满族、蒙古族、达斡尔族等。

（三）新生村原汁原味的鄂伦春族文化

1. 食品：秘制肉干

新生村的鄂伦春族至今仍保留着狩猎的习俗，在过去的崇山密林中，鄂伦春族为了长期保存狩猎产品，将猎取的动物的肉制成肉干。现在鄂伦春族狩猎与护林相结合，但是制作肉干的习惯还是保留了下来。现如今，在每年固定的时间，由派出所分发猎枪，进行狩猎，猎取猎物，按照旧俗将猎物制成肉干。

2. 服饰：兽皮服饰

受自然环境的影响、狩猎条件的制约和生活环境的限制，鄂伦春族的人们有用兽皮制作服饰的习惯，通常用狍皮制作。狍皮制作技艺是鄂伦春族在特定的自然地理条件下产生的独特文化，通常人们头戴狍皮帽，身穿狍皮衣裤，脚穿狍腿皮靴。

随着社会的进步与发展，鄂伦春族的着装发生了巨大改变，同时随着狍皮的日益减少和掌握技艺的匠人的缺失，这项独特的文化技艺逐渐失传，2008 年，鄂伦春族狍皮制作技艺被列入第二批国家

图 5-4
"鄂伦春族"邮票

级非物质文化遗产名录。

3. 建筑：仙人柱

"仙人柱"，是鄂伦春语的音译，为鄂伦春族定居前游猎时居住的房屋。仙人柱体现了鄂伦春族的生产生活方式，鄂伦春族是游猎民族，以迁徙打猎为日常，所以房屋便于搭建和拆卸。

搭建仙人柱需要二三十根五六米长的柱子，柱子顶端需要有分岔，便于相互咬合，先将几根以倾斜于地面60度左右的角度搭成锥形架子，固定后再将其他柱子均匀支撑在架子之间，形成伞状的骨架，夏天在上面覆盖桦树皮，清爽透气，冬天则盖上兽皮，遮风保暖。仙人柱的搭建全部利用柱子树杈之间咬合交叉的力学原理，没有任何的钉子或者绳索，体现了鄂伦春族的生活智慧。[①]

新生村现在的建筑采用特色新居设计，房屋仿仙人柱形制，体现鄂伦春族的原始建筑风格。如今建设少数民族特色村寨，仙人柱成为游客体验鄂伦春族文化的重要项目。

（四）社会生活

新生村经济发展以农业为主，农业生产向现代化发展，科技含量逐渐提高。鄂伦春族定居新生村前，狩猎是他们最主要的生产活动，定居以后生产重心倾向农业。为了发展和传承传统狩猎业，新生乡政府和派出所每年按时发放猎枪。2016年时猎民有12户。基于狩猎习俗传统，村子里设有养殖场，饲养的动物多为野生，多数

---

① 曹梦华. 黑河市爱辉区新生鄂伦春族乡特色村建设研究[D]. 北京：中央民族大学，2017.

养殖场对外承包，全年特色养殖收入达 200 余万元。

新生村野生动植物资源丰富，茂密的森林为动物提供良好的栖息地，野生动物种类丰富、数量繁多，同样，野生植物也比较丰富，如药用的苍术、龙胆、党参，食用的蕨菜、蒲公英、山葡萄、野生菌类、灵芝等。新生村的村民守着如此丰富的自然资源，采山货成为他们生活中的重要组成部分。

新生村驻村扶贫工作队依托新生村鄂伦春族特色文化，全力打造"北方游猎第一乡"特色品牌。致力从事发展民族特色旅游项目，如祭祀山神、参观图腾柱、射箭体验、篝火晚会等。

（五）特色非物质文化

新生村有着深远的鄂伦春族文化，从村子里的基础设施，民居、路灯等，到特色手工艺和特色饮食，无处不洋溢着浓郁的鄂伦春族风情。新生村有多项国家级、省市级非物质文化遗产，下面介绍几种独具特色的鄂伦春族文化。

1. 狍皮制作技艺

狍皮制作技艺是鄂伦春族在特定的自然地理条件下产生的独特文化表现形式，鄂伦春族的狍皮生活用品主要有被子、大衣、手套、帽子、套裤、靴子、荷包、挎包等，是鄂伦春族狩猎文化的传播载体。

2. 桦树皮制作技艺

世世代代生活在广袤森林里的鄂伦春族早已了解桦树皮轻便、

图 5-5
狍皮衣服

防水、防潮、耐用的性能,并开始用桦树皮制作生活用具。迁徙时他们把所有的东西都放在桦树皮容器里,放在马背上,一匹马驮起的就是整个家庭。现在新生村的一些家庭还可以看到少量的桦树皮制品。与以往不同的是,现在的桦树皮制品已经不仅仅停留在生活的必需品上,还发展为各种工艺品如镶嵌画、刻画等作为装饰或者旅游的纪念品。

第二节 吉林

一、延边朝鲜族自治州图们市月晴镇白龙村

(一)白龙村简介

白龙村建于清光绪初期,是国家级历史文化名村、省级特色景观旅游名村、国家级少数民族特色村寨试点示范村。

白龙村距离月晴镇驻地 9.5 千米,东距图们江 0.56 千米。以图们江为界与朝鲜民主主义人民共和国隔江相望,西与延吉小河龙相邻,南与龙井市开山屯镇相邻,北接月晴镇石建村。

图 5-6
白龙村民居现状

白龙村朝鲜族民居具有传统朝鲜族民居的代表性，是一种不可再生资源，具有极高的历史价值、艺术价值和科学价值。经过扩建，现呈现集中连片房屋 47 座，建筑面积达到 2050 平方米，占地 3.2 公顷，形成独具规模的、完整的传统朝鲜族建筑群。

（二）白龙村地理环境

白龙村地势平坦，平均海拔高度为 120—130 米。属中温带半湿润气候区，大陆性季风特点明显，四季分明。春季干燥多风，夏季温热多雨，秋季温和凉爽，冬季漫长寒冷。白龙村依山傍水，土壤质地肥沃，现辖 3 个自然村屯，村域面积为 35.35 平方千米，是传统的朝鲜族聚居地。

白龙村坐落在图龙通县公路东侧，村落分成传统民居区和新农村建设区。村落整体格局为东临图们江，南与龙井市交界，西为良田、青山，北通月晴镇。白龙村拥有包括属旧石器时代晚期古聚落遗址——下白龙遗址，新石器时代古聚落遗址——白龙遗址，渤海时期古聚落遗址——白龙村北遗址和白龙五队渤海墓群遗址等在内的四个古文化遗址。

白龙村耕地面积 142 公顷，其中水田面积 43 公顷，主要集中在图们江沿岸白龙村东侧。约 150 年前，居住在木槽山下的人民发现了江对岸白龙村这片肥沃的土地，朝鲜的边民开始了初期的"朝耕暮归"，进而"春来秋去"，后来，发展为携眷造舍，长期耕作。

图 5-7　白龙村传统房屋

（三）村落选址

白龙村是从朝鲜半岛迁入的朝鲜移民在图们江沿岸建设的村落。在村落选址与建设上，保留着从朝鲜半岛迁入时固有的传统性，村落多数选择在平缓的山脚建立，十分融洽地与自然结合，体现了风水吉地、崇尚自然的空间布局形式。大多数村落建立之初以自给自足为出发点，以农业生活为基础，比较封闭，较少与外界联系。

白龙村选址特点鲜明，强调临近耕地、背山面水。朝鲜族村落选址遵循背山面水的基本原则，尤其以南低北高的向阳坡地为佳。这样既可以将平整的土地留给农田，还能保证民居有充足的生活用水和生产用水，同时满足排水、防洪、防火等方面的需要。图们江冬季气候寒冷，盛行西北季风，由于向阳坡地比较暖和，与背阴坡地相比温度高 10℃左右，又是冬季主导的背风面，所以选择南面朝向的坡地，既可以多争取日照，又能够抵御西北季风，使整个村落即使在严寒的冬季也能处于温暖的小气候中。

可以看出，白龙村传统村落通过对地势、地貌和水源等因素分析，选择适宜的环境，充分利用土地资源，保持了耕种用地、建设用地和绿化用地的平衡，保证了村落内健康的生活环境，利用大量绿化来调节气候，隔绝噪声，无处不体现着顺应自然、因借自然和保护自然的思想。

1. 村落格局

白龙村的村落格局表现为围井而聚。据说朝鲜传统的民俗里有盖房先挖井立木桩之说，在百年老宅房前的深泉吊水井，是主人在盖房子之前在自家的门前挖的，到现在水深依然达到 2 米以上。老宅的主人在水井边建起了白龙村第一处民居，随着时间演变迁移，后来的人们也围绕在水井周边建房，水井成为村民集会和公共活动的重要场所，也是村落存在并发展演变的主要公共活动中心。

2. 院落模式

朝鲜半岛传统士大夫（两班或宗家）院落由男性空间、女性空间、行廊空间（门房）、祠堂空间等构成，分外院和内院，是递进式的院落空间模式。贫穷的庶民阶层则将朝鲜传统士大夫院落的发散型多功能空间形式聚合成一体，即组合为一栋房屋，变成复合型的收敛式生活空间形式。朝鲜族移民初期，院落空间是以朝鲜半岛传统的庶民阶层院落形式为基础的。随着时间的推移，逐渐与满族、汉族的三合院式布局形式融合，形成长方形简单围合的半封闭院落。

（四）白龙村历史沿革

1677 年清朝统治者以保护其祖先的"发祥地"为名，将长白山和鸭绿江、图们江以北千余里之地划为封禁区，禁山围场，严禁异族迁入。清朝初期，朝鲜重峦叠嶂，土地贫瘠，连年遭灾，农业不振，鱼盐绝路，贫苦的朝鲜边民越江私垦，"朝耕暮归"。

1885 年清政府彻底废除封禁令，朝鲜北部边民源源不断地跃江入境，由初期的"朝耕暮归"，进而"春来秋去"，后"携眷造舍"，长期耕作。白龙村建于清光绪初期，当初村民常被老虎伤害，多次发布告驱虎，故取名为"布瑞坪"，朝鲜语意为发布告驱虎。后来人们以朝鲜族民间传说中白龙能驱虎之意，改名为白龙村。

白龙村百年民居是1898年朝鲜商人朴如根移民到此修建的房屋，于1901年9月竣工，百年民宅是具有鲜明的朝鲜族建筑特点的传统民居，经历百年的风雨洗礼，还保留着较为原生态的民居特点。

白龙村清末属宁远堡霁晴社，1936年属和龙县月晴村，1940年划归延吉县。1945年为月晴区白龙村，1969年划归图们市，为月晴公社白龙大队，1983年改为月晴镇白龙村。随着人口的增加，白龙村的耕地逐渐无法满足人们的需求，部分村民向村外迁移，逐渐形成现在白龙村的格局形式。

为抓好旅游业硬件设施建设，白龙村以新农村建设为契机，以三年农村环境综合治理工作为抓手，积极整合各项涉农资金，加大基础设施建设力度，努力改善农民生产生活条件。目前，白龙村已完成水泥路"屯屯通""户户通"，水泥路硬化面积达到100%，砖瓦房居住率达到100%。为使环境卫生得到长期有效的管理，白龙村成立环境卫生整治领导小组，制定村民环境卫生管理制度，购置铲车、垃圾收集车、垃圾运输车各1辆，聘请专门的保洁员负责全村的垃圾的清运工作，实现了垃圾的统一收集、统一转运、统一处理。

（五）文化习俗

白龙村有长鼓舞、洞箫演奏、农耕舞、刀舞、乞丐舞等民间习俗；在饮食方面擅长米肠、狗肉、泡菜、打糕等制作技艺；在手工方面主要进行稻草编织；在日常生活中人们喜欢跳跳板和荡秋千。其中长鼓舞、象帽舞为国家级非物质文化遗产，手鼓舞、米肠制作工艺、泡菜制作工艺等为省级非物质文化遗产。

二、通化市金厂镇上龙头村

（一）上龙头村简介

金厂镇位于吉林省通化市东南端，距市区 6 公里，西与通化县接壤，东与通化县东来乡相连，南与集安市头道镇毗邻，与东昌区的环通乡相邻。上龙头村位于金厂镇的东南部，东部与江东乡相邻，南部与集安市相邻，西部与夹皮沟村相邻；村域内有 15 个村民小组，村域面积 87.23 平方千米，关东村落特征明显。

（二）地理环境

上龙头村为山地、丘陵地貌地势，由南向北倾斜。最高点为白鸡腰峰，海拔 1318.13 米。上龙头村属温带大陆性气候，年平均温度 4.1℃—6.5℃，冬季长达 6 个月，严寒而干燥，夏季炎热而短促，年平均日照时数 2400—2800 小时，年降水量 700—1000 毫米，最

图 5-8　村域村庄现状图

大冻土深度为 1.8 米，无霜期 110 天左右。村域水资源丰富，地下水水量充沛且水质良好，含有丰富的矿物质。村域内有优美的山水景色与田园风光，国家 AAAA 级旅游景区白鸡峰国家森林公园位于上龙头村东南部。

（三）建筑特色

上龙头村延续北方山区农村传统民居建筑特点，保持现有村落的建筑风格。屋顶形式继承我国传统民居中歇山和悬山的屋顶形式，具有良好的排水、除雪及隔热效果，统一用红瓦铺设，与自然景观密切配合。立面形式采用简洁、大方，能够整体凸显北方乡村的暖色调。庭院种植果树，搭架种植葡萄等。

但是现在多数村民庭院中宅基地与园田地混杂，占地面积过大，庭院为村民自发性建设与布局，造成庭院空间利用率低，功能分区不明确，布局混乱，缺乏统一感。公共

图 5-9　村域建设现状

空间较少，设施简陋，当地主要以闲散空地、广场为主，由于位置不合理，利用率较低。

上龙头村环境条件良好，村内街路与公共场所环境整洁，各个村民小组内均设有垃圾箱、垃圾收集点，并配有环卫保洁人员以及环卫车辆。但是也有局部地区存在柴草垛乱堆乱放、牲畜粪便随意堆放等问题，需要进一步治理。未来的上龙头村将建设成为吉林省美丽乡村建设示范区、通化市现代农业产业基地、金厂镇旅游服务次中心与生态休闲度假基地，形成现代化的新兴村落。

（四）新兴村落的构想

依托上龙头村的地理环境及资源禀赋、村庄发展格局及形态，规划将上龙头村打造成"一心、一带、双核、四谷"的空间结构。

1. 一心
以上龙头集中区，作为上龙头村的综合中心。

2. 一带
以"新立—白鸡腰峰"作为空间发展轴带，贯穿村域四大区域，是村域发展的重要纽带。

3. 双核
打造集中区东部、西部两个小带状生态庄园，以新立1、3、4组为核心的金龙湾滨水生态庄园；以上龙头10、11、12组为核心的生态旅游庄园。双核联动，带动村域整体发展。

4. 四谷

建立四个特色旅游沟谷，位于新立3组的芬芳谷、集中区的滴翠谷、上龙头10组的采撷谷、上龙头11组的迷踪谷。这四个特色旅游沟谷，分别与附近的庄园发展相结合，以园带谷，以谷促园，充分发掘和发挥上龙头村生态基底的魅力。

田园风情休闲度假山庄位于新立3组内，建筑面积约400平方米，建筑高度控制在6米以下，乡村传统风格为主，建设极低密度的度假小屋，依山散布，形成隐避于山林中的效果。

户外拓展基地位于新立3组内，充分利用当地资源就地取材，依据户外拓展需求建设户外设施与小品。

垂钓乐园位于新立3组内，就低洼地势建设鱼塘，并围绕鱼塘建设木屋草庭，满足垂钓人群休闲需求。

农家乐服务基地对现状分散的农家乐进行集中整治，为加强农家乐与白鸡峰国家森林公园的联系，在上龙头11、12组内集中建设农家乐服务设施；农民可自行选择改造自家建筑形成农家乐，并鼓励充分利用空置农房进行农家乐改造。增加灯笼和木质棚，墙面增加木质贴面；统一农家乐招牌形式；设计农家乐指示标识，立于主要道路沿线。

在各组团内部结合水系设计观景游览、娱乐、休憩的场地，建有休憩广场、活动广场和亲水广场等供村民及游客休闲使用的场地。

利用居民点内部道路与院落围合而成的空地，建设小型公共活动场地，配备供村民休息的长椅、石桌凳以及回廊等，广场周边做绿化景观设计。

结合村庄现状肌理，利用空置场地设计供村民休憩、娱乐、健身和集会的场地，设置石桌凳、长椅、花坛等设施，并对周围建筑与围墙进行统一改造，打造良好的空间环境。

几年来，上龙头村不断完善基础设施建设，改善农民生产生活需要，投入资金百万元，实施筑路、修河堤、砌边沟等基础设施建设，开展绿化、改厕、改气等环境综合整治，村民集中居住改造区成效显著。目前水泥路已实现组组通，全村实现人畜饮水标准化，两所小学全部实现楼房化，泥草房改造基本完成，路灯、边沟、村部等都得到改善，军民共建绿树走廊，达到了绿化、美化、亮化的标准。新建的文化健身广场、农贸市场、农家书屋，不仅方便了群众还丰富了农民的业余生活，巩固了农村精神文明阵地，满足了广大群众日益增长的精神文化需求。

（五）文化习俗

目前上龙头村汉族聚集区以大米为主要饮食，服装上以现代服饰为主。主要民俗活动以打麻将、玩扑克、跳广场舞、扭秧歌为主，代替传统的推牌九、嘎拉哈等活动。

三、农安县华家镇叶小铺村

（一）叶小铺村概况

叶小铺村位于吉林省农安县华家镇中部。东临华家镇区，南接华家桥村，西以华半坡村为邻，北与团山村和边岗村接壤。村域范围内有 7 个自然屯，总面积为 1816.71 公顷。叶小铺村距长春市北

45 千米，农安县城南 15 千米，具备承接长春市产业转移的区位条件；同时珲乌高速公路和 302 国道纵贯南北，交通便捷，地理位置优越。

全村基本农田面积 1347.72 公顷，一般农田面积 89.29 公顷，林地面积 5.80 公顷，工矿用地 22.19 公顷，水域及水利设施用地 8.36 公顷，其他土地 154.71 公顷，村屯建设用地为 188.64 公顷。

（二）社会、经济条件

叶小铺村村域范围内共有 7 个自然屯，13 个村民小组，741 户，人口 3140 人。叶小铺村的产业以第一产业为主，主导产业为玉米种植和蔬菜种植。2014 年，叶小铺村经济总收入 2512 万元，人均收入 8000 元。叶小铺村经济发展水平指标在华家镇经济发展排序中属中上游。

（三）规划空间布局结构

本次规划以"两心、三轴、四区"的模式展开布局。

1. 两心

综合服务中心。综合服务主中心：华家镇区，华家镇区是华家镇经济、政治、文化、教育等中心。综合服务副中心：指一个全村的管理、服务、文化教育、科技培训和信息咨询中心。规划将村委会迁至叶小铺屯、小山屯和二道街屯行政辖区范围内，因此叶小铺屯、小山屯和二道街屯所在地定为中心屯，新建与完善村内商业设施、图书室、信息中心、科技推广站、中小学校、幼儿园、集贸市场等公共服务设施。规划形成全村的管理、服务、文化、教育、科技培训和信息咨询中心。

2. 三轴

经济发展轴线。主要经济发展轴为302国道，它是连接叶小铺村与华家镇镇区的交通要道，通过它作为载体，能很好地带动叶小铺村的经济发展；次要经济发展轴为村内主要道路；新建道路将是叶小铺村交通、物流主要纽带，同时也是连接叶小铺村工业以及特色种植的主要道路，也将成为村域经济发展轴线。"三轴"沿路集中发展商贸、农副产品加工业等，带动整个叶小铺村经济发展。

3. 四区

特色工业板块、有机农业种植板块、生态农业板块和特色养殖加工板块。

（四）村容环境整治与村貌控制规划

1. 环境保护

叶小铺村没有统一的垃圾收集点，养殖污染未作处理。目前的环境污染主要是村民生活污水和工业废水的污染，具体的治理方式为治理污染源、集中处理污染物、动态监测机制。在村里成立卫生清洁队，由5人组成，并配一台小四轮垃圾清运车，负责全村主要街路的清扫、垃圾清运。日常的生活垃圾倾倒到垃圾收集点后统一运送到垃圾填埋场，统一处理。彻底整治农村垃圾乱堆、乱放、污染居民生活环境的问题。保护森林植被等自然生物物种，提高村民自身素质，增加村民法律知识，提高村民环保意识。

2. 居住环境整治

村民居住环境状况整体正在不断改善，但是不同地段之间、不同住户之间的差距也正在不断拉大。从环境整治的类型来说，主要包括生产环境、生活环境。规划确定的具体整治内容主要包括：

（1）对每家住户的厨房、厕所、牲口圈、院墙等进行改造。厨房改造，考虑用水泥加固和瓷砖贴面，既美观又干净；厕所改造中，考虑以卫生为主，尽量变室外为室内，改旱厕为水厕，方便冲洗，避免气味扩散；牲口圈的改造拟用水泥砌筑，同时，做好排水设施，改善卫生状况，减少疫情的发生；晒场的改造，结合农业生产的需要，对于晒场性质的拟用水泥进行硬化，便于农业生产过程中堆放和晾晒粮食。建筑形式统一，材料基本上以传统材料为主，鼓励使用本地材料，立面形式鼓励采用具有地域特色的民居形式。

（2）房前屋后绿化改造计划。对于房前屋后整治主要是减少裸露地表，增加绿化，同时兼顾美观。

（3）环境整治资金筹措。从资金来源上说，近期村级基础设施、环境设施主要以政府扶助为主，远期主要以村民自发整治为主。

（4）风貌控制和激励措施。对于采用鼓励的建筑形式考虑给予一定的经济补偿；按引导进行建设的民居考虑给予免费的技术指导；对于传统的和具有地域特色的民居建筑的修缮给予一定的资金支持。

四、抚松县漫江镇锦江村

锦江村是满族的发祥地之一，现有长白山满族木文化遗存。最早的历史可以追溯到清朝早期，当时长白山被列为封禁地长达200多年。被留下守山的满族人以开荒、狩猎、采挖人参、捕鱼为生，并利用当地优质红松木材垒垛成房子，形成独特的木屋村落。碰到天气好的时候，站在村口，整个村庄一览无余，木墙、木顶、木烟囱、木栅栏、木柴垛，几十栋房屋散落在山坡上，见不到一片砖瓦，一些木屋的屋顶和墙上挂着玉米和蘑菇。随着长白山林区禁伐的展开，人们很难再单纯地靠山谋生。村里年轻人开始走出交通不便的村落，到城里务工。

锦江木屋村是一个自然形成的村落，位于吉林省抚松县漫江镇南侧约2.5千米的丛林中。据记载，锦江木屋村建于1937年，有80多年的历史，是迄今为止发现的保护最好的木屋群落，号称"中国最后的木屋村落"。

经过历史考证，锦江木屋修建时，正是日本侵占东北时期，当时实行并屯管理，把几个村屯并到一起，村民就用木头建起一个个房子，形成了聚居的木屋村落。80多年来还能够保存完好，锦江木屋完全可与北京四合院、云南竹楼相媲美。

2006年，锦江木屋被抚松县列为县级传统民居文化遗产保护单位，2008年，被白山市人民政府列入第一批非物质文化遗产。

图 5-10　木屋群落

图 5-11　锦江木屋

第三节
辽宁

一、葫芦岛市绥中县李家堡乡新堡子村

新堡子村是位于九门口长城脚下的一个自然村,九门口长城作为边界要塞,拥有着优越的地理位置。从修建长城后,守护长城的士兵长居于此,据史料记载,九门口长城沿线明初即实行军屯制,当地百姓都是来自江浙一带的义乌兵后代,距今已有600余年的历史。

经村民介绍,新堡子村是由山上多个哨楼依山而建成的,主要功能是用于哨兵的休息、通信以及储粮。随着时间的流逝,越来越多的居民定居于此,村子的规模逐渐扩大,并且在明末清初年间建成了存留至今的传统村落。

多户民居完好留存至今,村里辽西风格和明清风格的古建筑共25座,石头与城砖混建的房子共有60余座,其余大部分是使用石头、黄土建的房子,用石头垒的院墙。村中共有2条石板路,其中一条于2016年夏被雨水冲毁。整个村子建在半山腰上,由山腰往山下建设。

新堡子村于2014年入选第三批中国传统村落名录。村子东邻九门口长城景区,是一个"村在长城下、长城在村中"的传统村落。以新堡子村四个自然屯之一的新台子屯为例,屯子依山而建,很多房宅建在半山坡上,民居随地形建设,散落在村里,朝向各异、形

图 5-12 九门口长城（局部）

式各异，最古老的抬梁式建筑属一级建筑，瓦片制顶，至今有三四百年的历史；二级建筑为民国时期、20 世纪中期建设的圆顶民居；三级建筑为 20 世纪 80 年代建设的水泥房子。新堡子村中依然存在着站台、哨楼、古民居等历史遗迹，展示着数百年的历史峥嵘和辽西边关文化。

新堡子村独具特色的传统民居，现在已是九门口长城景区的另一道亮丽的风景线。上百年历史的瓦房保存完整，院落内青砖铺就的地面散发着古朴的气息。这里的房子是用城砖和石头"混搭"而建，斑驳的院墙不起眼，却是用城砖建起来的。以前人们认为城砖放到家中能够镇宅，因此出现了很多城砖修葺的院墙。

为了美化群众的生产生活环境，加强道路建设，当地政府投资修建了一条长3500米、宽3.5米的水泥道。同时与九门口长城景区挂钩，修建了长4500米的文化墙，在墙的两旁栽种花草树木，成为生态秀美型、田园风光型的美丽乡村。筹资修建了引水上山工程4000延长米，投资修建5座方塘、7眼机电井、3道水利截流工程等，组织村民修建1500延长米的护坝工程，这些水利基础设施已修建成功并投入使用。

依托九门口长城景区在新堡子村境内的区位优势，当地村民大力发展农家乐、乡村宾馆等特色旅游产业，并销售农副产品、手工艺品等，走上了致富的道路。

二、葫芦岛市绥中县永安乡西沟村

（一）西沟村概况

西沟村位于辽宁的最西部，地处燕山山脉，有明长城坐落在此，穿越山间。村落布局属于典型的北方山村布置，依山而建，傍水而居。河流顺山脚道路呈丝线状分布。受地形限制，民居整体秩序按村内几条主路呈线形或方形。村落布局错落有致，建筑很大程度上保持着原有的面貌。村子坐落于山林间，经过长久的历史洗礼已经与周边山林长城形成了统一和谐的关系。村子隐匿于林间，与不远处的长城相呼应，保留了古村炊烟长城相称、飞鸟落辉相应的原始景观。西沟村共包含七个组，其中三个组为申请传统村落的特色项目组，它们分别是立根台、骆台子和小河口。村子里主要的历史要素包括古井、古树、古泉、奇石、崖柏等，历史环境要素与传统村落的围顶屋盖、石材墙体相互呼应，使得西沟村的自然景观与人工景观共同构成了古朴自然的村落风貌。

村落起源于明朝，浙江义乌民众北上戍边，驻扎于此，修建长城，保家卫国。久而久之，形成了永安乡西沟村这一村落，并延续至今。

西沟村的居民全部为汉族，姓氏以叶、曹为主，生产方式以种植为主，种植产物为玉米、杂豆、山楂、栗子等。如今依靠农作物挣得的钱已无法满足基本生活需求，青壮年都外出务工，并定居在更方便富饶的地方。这是一个因长城而存在的村落，人们入乡随俗，与辽宁大多数地方保持同样的风俗习惯。

（二）建筑风格

西沟村传统建筑为"硬山式""围顶式"民居建筑，靠山吃山，木、泥土等材料都就近取自附近的山林，原材料为当地的毛石、黄土、木材、秸秆等。虽然是浙江义乌人迁徙而来形成的村落，建筑却自然形成了关东民居的特点——墙体加厚、屋顶铺以秸秆以保证室内的温暖，火炕与烟囱的布置，坐北朝南的建筑，宽广的院落等。村里最老的房子已有一百多年的历史，虽然现在已经不能居住，但是从建筑布局和房屋结构上能够看出当时人们的手艺之精湛。

（三）重点物质景观

前几年当地进行了新的规划：计划 2030 年之内，西沟村的立根台、骆台子、小河口三个组将全部修缮完毕。立根台的所有项目，包括村小学、村委会以及村里的一些门楼，外部已经修缮。

小河口的尽头可以上到长城，那是这里最有名的风景——锥子山长城。锥子山长城全长 22455 米，始建于明洪武十四年（1381），历经多年风雨侵蚀、多场战争洗礼，仍较为完好地保存下来，它蜿蜒于燕山余脉的崇山峻岭之上，是万里长城的重要组成部分。2006 年 6 月 10 日被确认为国家级重点文物保护单位。锥子山长城是辽东明长城三路长城的交会点，向东连接辽宁境内的明长城，起点是丹东的虎山长城；向南连接山海关的长城，起点是老龙头；向西连接北京的长城，绵延万里，到达嘉峪关。锥子山长城是辽东镇长城和蓟镇长城的会合地，此处集三道长城为一体，气势磅礴，所形成的"三龙聚首"的壮观景象为万里长城所独有。其中的建筑形式多样，辽东镇长城砌筑于山势险要之处，多采用石结构或以山险为墙，蓟镇长城则为砖砌。一块城砖印有"德州秋班营造"字样，另一碉楼内存有《椴木冲楼题名记》碑，为长城文物研究提供了珍贵的历史实物资料，有"长城博物馆"之美誉。

锥子山山势险峻，峰峦叠嶂，雄壮威武，蜿蜒曲折。锥子山长城作为万里长城的重要组成部分，是古代长城建筑的突出典范，是中华民族文化遗产中一颗璀璨的明珠，对于研究明代长城的功能和建筑思想，研究古代军事防御体系有着重要的意义。它与著名旅游景区九门口、山海关毗邻，为旅游开发提供了得天独厚的条件。

三、朝阳市朝阳县北四家子乡唐杖子村八盘沟

(一) 村落概况

唐杖子村八盘沟位于朝阳县南部,北四家子乡西北部,东连辽宁中部工业城市群,南临渤海之滨,西接京津冀经济圈,位于矿产丰富的朝阳市区南部。唐杖子村八盘沟拥有悠久的历史,始建于清朝,此地景色优美,树木茂盛,早期是皇家猎场,康熙年间有大量的山东人移居到此处,以果业为主导产业,其中水蜜桃为当地特色水果。

该地属于山地丘陵地带,气候属于北温带大陆性季风气候,以自然山体、人工石坝梯田、居住用地为主,房屋保存良好,建筑颇具特色。当地保存完好的石头房占八盘沟房子总数的三分之一,大部分为二十世纪六七十年代建造,房屋院墙都是用石头砌成,与山中梯田风格相一致。山中古朴、和谐之风尽显。[①]

(二) 建筑风貌

唐杖子村八盘沟居民植根于这片土地,村庄建筑很大程度上保持原有的乡村面貌,其街道巷路、院落格局、建筑风格以及建筑雕饰,有着非常独特的文化底蕴,具有北方独特的韵味。村中古树、古泉、奇石记录了唐杖子村八盘沟的历史,石砌的院墙展示着村民

---

① 李大智,王庆丰,姜洋.辽宁传统古村落的保护与发展:以朝阳市朝阳县唐杖子村八盘沟为例[J].青春岁月,2017.

的智慧，独具特色的农家小院诉说着淳朴的风土人情，将所有事物都完美地融入了乡村文化。

八盘沟的老建筑是低层青石建筑，院落围墙均采用青石砌成，房子接近屋顶处由青砖砌筑。这是一种古村的独特建筑形式——青石干砌，不采用任何黏合材料，却能做到平整坚固，这也深刻反映了八盘沟村民的高超技艺。

（三）自然景观

八盘沟依山而建，梯田文化景观美如画，高低错落在山腰上的百亩石坝梯田，重重叠叠，与山峰的弧线相互呼应。梯田是村民为了从事农业生产而投入了巨大的人力、精力和技能，根据特定的地理条件对广阔山区进行持续改造的杰作。从空中俯视，依山势而修的梯田规整而庄严。

八盘沟，山高坡陡，沟深路窄，号称"九沟十八岔"，植被葱郁，怪石嶙峋，进山沿途可以目睹苍翠的千年崖柏和山上各类的奇石，以及多个有名的山沟。例如大棒槌沟的"三藏讲禅"，最有名的南天门沟中的"天马行空"，还有石虎沟、小棒槌沟等。

（四）传统村落的保护传承

八盘沟的建筑是传统北方民居，部分遭到损坏的民居对八盘沟村的传统格局、建筑文化来说是一个难以挽回的损失。对于梯田的修复与保护，使其恢复原貌的工作也迫在眉睫，传统村落的保护与发展，是我国农村经济发展与文化进步的全新起点，八盘沟经过前代人的辛勤劳作和后代人的合理保护，现已得到世人的认可。2014年，八盘沟入选第三批中国传统村落名录。

传统村落是那些历史悠久、遗存雄厚、文化典型的村落。在漫长的历史变迁与现代化冲击下，这类村落正处于急速消失的过程中，但它们是中华民族失之不再的根性文化遗产，是蕴藏着我们民族基因与凝聚力的"最后的家园"，是五千年文明活态的人文硕果。[①]正如冯骥才先生所说："保护传统村落就是保护中华民族最宝贵的物质和非物质文化遗产。"

[①] 冯骥才.传统村落是中华民族失不再来的"根性遗产"[N].新民晚报，2014-03-08.

第六章

关东传统村落的保护和活化

中国传统村落文化抢救与研究
文化区系列

Chinese Traditional Villages

第一节
关东传统村落的保护现状

传统村落承载着中华传统文化的精华，是农耕文明不可再生的文化遗产，而它的消亡，足够让人痛心。传统村落的消亡已引起了政府和社会各界的高度重视。而关东地区也在保护传统村落的进程中做出了应有的努力，竭力保留民族文化的多样性，力求维系好华夏子孙文化认同的纽带。自2014年4月25日，住房城乡建设部、文化部（现文化和旅游部）、国家文物局、财政部联合印发了《关于切实加强中国传统村落保护的指导意见》，关东地区也印发了相应的传统村落调查实施工作方案，以加强对传统村落的保护，各级政府逐步重视对传统村落的保护。

2012年12月17日，住房城乡建设部等部门组织开展了全国第一次传统村落摸底调查，在各地初步评价推荐的基础上，经传统村落保护和发展专家委员会评审认定并公示，住房城乡建设部、文化部、财政部将第一批共646个具有重要保护价值的村落列入中国传统村落名录。2013年8月26日，根据住房城乡建设部等部门印发的《传统村落评价认定指标体系（试行）的通知》，在各地初步推荐上报的基础上，经传统村落保护和发展专家委员会评审，住房城乡建设部、文化部、财政部联合公布了第二批列入中国传统村落名录的村落共915个。2014年11月，住房城乡建设部、文化部、财政部等部门将994个村落列入第三批中国传统村落名录。2016年12月，住房城乡建设部、文化部、国家文物局、财政部等单位公布了第四批 1598 个中国传统村落。2019 年 6 月，住房城乡建设部、文化部、国家文物局、财政部等部门将 2666 个村落列入第五批中国传统村落名录。

截至 2019 年 6 月，住房城乡建设部、文化部、财政部等部门共公布了五批 6819 个中国传统村落。关东传统村落共 55 个，其中黑龙江 14 个，吉林 11 个，辽宁 30 个。

表 6-1 关东传统村落名单

序号	批次	名称
1	第一批	黑龙江省齐齐哈尔市富裕县友谊达斡尔族满族柯尔克孜族乡宁年村富宁屯
2		黑龙江省齐齐哈尔市富裕县友谊达斡尔族满族柯尔克孜族乡三家子村
3	第二批	黑龙江省黑河市爱辉区新生乡新生村
4		吉林省通化市通化县东来乡鹿圈子村
5		吉林省白山市抚松县漫江镇锦江木屋村
6		黑龙江省哈尔滨市尚志市一面坡镇镇北村
7		黑龙江省牡丹江市宁安市渤海镇江西村
8		吉林省白山市临江市六道沟镇三道阳岔村
9		吉林省白山市临江市花山镇珍珠村松岭屯
10		吉林省延边朝鲜族自治州图们市月晴镇白龙村
11	第三批	吉林省延边朝鲜族自治州图们市石岘镇水南村
12		辽宁省抚顺市新宾满族自治县永陵镇赫图阿拉村
13		辽宁省抚顺市新宾满族自治县上夹河镇腰站村
14		辽宁省阜新市阜新蒙古族自治县佛寺镇佛寺村
15		辽宁省朝阳市朝阳县柳城镇西大杖子村
16		辽宁省朝阳市朝阳县西五家子乡三道沟村

续表

序号	批次	名称
17	第三批	辽宁省朝阳市朝阳县北四家子乡唐杖子村八盘沟
18		辽宁省葫芦岛市绥中县永安乡西沟村
19		辽宁省葫芦岛市绥中县李家堡乡新堡子村
20		黑龙江省齐齐哈尔市讷河市兴旺鄂温克族乡索伦村
21		吉林省吉林市蛟河市漂河镇富江村
22		吉林省白山市临江市六道沟镇夹皮沟村
23		吉林省延边朝鲜族自治州敦化市大蒲柴河镇大蒲柴河村
24		辽宁省锦州市北镇市富屯街道龙岗子村
25		辽宁省锦州市北镇市富屯街道石佛村
26	第四批	辽宁省锦州市北镇市大市镇华山村
27		辽宁省朝阳市朝阳县羊山镇肖家店村
28		辽宁省朝阳市北票市下府开发区三府村
29		辽宁省朝阳市凌源市三十家子镇裂山梁村
30		辽宁省朝阳市凌源市沟门子镇二安沟村
31		辽宁省葫芦岛市连山区塔山乡盘道沟村
32		辽宁省朝阳市朝阳县胜利镇三家村
33		黑龙江省齐齐哈尔市讷河市兴旺鄂温克族乡百路村
34		黑龙江省大庆市杜尔伯特蒙古族自治县胡吉吐莫镇东吐莫村
35		黑龙江省伊春市嘉荫县乌拉嘎镇胜利村
36		黑龙江省伊春市嘉荫县常胜乡桦树林子村
37		黑龙江省佳木斯市同江市街津口乡街津口村
38		黑龙江省牡丹江市海林市横道河子镇顺桥村
39	第五批	黑龙江省黑河市爱辉区瑷珲镇瑷珲村
40		黑龙江省黑河市爱辉区坤河乡坤河村
41		吉林省白山市临江市桦树镇西小山村转头山屯
42		吉林省白山市临江市六道沟镇火绒沟村
43		辽宁省沈阳市沈北新区石佛寺街道石佛一村
44		辽宁省沈阳市沈北新区石佛寺街道石佛寺二村
45		辽宁省沈阳市法库县叶茂台镇叶茂台村
46		辽宁省沈阳市法库县四家子蒙古族乡公主陵村

续表

序号	批次	名称
47		辽宁省鞍山市岫岩满族自治县石庙子镇丁字峪村
48		辽宁省朝阳市朝阳县西五家子乡新地村
49		辽宁省朝阳市喀喇沁左翼蒙古族自治县南哨街道白音爱里村
50		辽宁省朝阳市北票市大板镇金岭寺村
51	第五批	辽宁省朝阳市北票市大板镇波台沟村
52		辽宁省朝阳市北票市上园镇三巨兴村
53		辽宁省朝阳市凌源市四官营子镇小窝铺村
54		辽宁省朝阳市凌源市乌兰白镇十二官营子村
55		辽宁省葫芦岛市绥中县加碑岩乡王家店村

第二节
关东传统村落的活化案例

中国一直十分关注少数民族区域的经济和文化发展，可以从发展旅游业找到突破口，打造避暑胜地，发展冬季的各式体育旅游项目，使得体育旅游在关东地区发展逐渐成熟，并具有品牌推广力，这是东北三省的共识。例如，黑龙江省借助两次冬季体育盛会，把亚布力打造成滑雪胜地。关东地区的旅游资源并不贫瘠，可待发展性极高，人文旅游资源领域还有待开发。

以旅游人类学作为理论基础，扶持少数民族经济的同时又活化少数民族区域文化。旅游可以作为少数民族文化的承载体，各地提出发展体育旅游的构想，形成体育旅游的"莫日根"效应，并构建适用于中国少数民族的涵化模型；从实践创新角度，"旅游扶贫"

是年年搞的"新项目",但有些地方的民族区域扶贫没有切实落地或者是很难操作,本节提出了"旅游扶贫"的新观点——"无为而治",期待可以解决现有问题。

少数民族区域旅游资源的禀赋性,特别是文化表象的差异性,为旅游体验提供良好的发展条件。通过调研发现,关东地区有独具特色的关东文化、侨民文化与民族文化,关东地区的鄂温克族、鄂伦春族和赫哲族等少数民族主要分布于佳木斯、双鸭山辖区的街津口赫哲族乡、八岔赫哲族乡、四排赫哲族乡和敖其、抓吉赫哲族村,黑河市新生鄂伦春族乡,黑河市逊克县新鄂鄂伦春族乡、新兴鄂伦春族乡,大兴安岭地区塔河县十八站鄂伦春族乡、呼玛县白银纳鄂伦春族乡,伊春市嘉荫县乌拉嘎镇胜利鄂伦春族村等地。经实地的田野调研发现,少数民族人数不仅逐年减少,生活形式也在发生着变化,特有的习俗很难保留。

从自然资源角度,通过田野调研发现:关东旅游的自然资源优势明显,长达近6个月的雪季是其他省市不具备的,绵延的山脉造就了富饶的山林资源,还有黑龙江、松花江、乌苏里江等优质的水域资源,同时还有丰富的湿地生态保护区。

本节选取鄂伦春族、鄂温克族、赫哲族3个民族进行分析,主要缘于调研中发现这3个民族人口数量在急剧下降,民族文化极具保护价值与开发潜力,他们的民族特性如下。

一、区域民族特性

（一）跨界的"额尔古纳河右岸"

《额尔古纳河右岸》是迟子建的长篇小说，以一位年届九旬的鄂温克族最后一位女性酋长的自述口吻，讲述了民族顽强的抗争和唯美的爱情。书中传达的信息不仅让人感到了鄂温克族的民族自豪感，也让旅游工作者感到了一种使命感——不能让少数民族只成为书中的故事。

文学作品中展示的"额尔古纳河右岸"是极具代表性的，现实中的额尔古纳河是中俄两国的界河，是中俄东段边界的一部分。19世纪70年代，由于清政府"开禁"政策的颁行，汉族移民开始大规模进入这一地区。同时由于额尔古纳河右岸不断有金矿被发现，俄罗斯人也不断越界进入中国境内非法采金，使得区域内独具多元化特色，国与国的融通，民族与民族的融合，当地有少数民族相互通婚，中国人与俄罗斯人通婚，多元文化的混合使他们寻求理解与和谐共处，尊重差别而又相互协助。

（二）游牧文化、渔猎文化与农耕文化的比较

同汉族的农耕文化相比较，鄂伦春族的狩猎文化与赫哲族的渔猎文化都是依托于自然环境因素，并造就了由来已久的简单的文明体制。游牧民族随资源流动的生活方式与汉民族定居的观念截然不同，房子随着食物走，居住特点显著，饮食独具特色，有独特的生活习性特征。而这些特点都同运动紧密相连，不仅仅体

现在房屋搭建的动手能力，骑马、玩雪、狩猎、划船这些现代休闲运动，就是当地民族的日常活动，所以每一个赫哲族人都可以是运动教练。

同时正是因为游牧民族对动植物的依赖造就了族人的保护意识，与自然和谐共融的观念是祖先为他们留下的。鄂伦春族村民说：他们狩猎是分时节的，例如母性动物产崽期一般是不捕猎的，而且每个人都会看动物是否怀孕了，一是保护自己，动物怀孕时攻击力极强；二是祖先说了，捕母兽是会遭天谴的。

（三）宗教文化

鄂伦春族、鄂温克族和赫哲族三个少数民族的宗教表现形式也是独特的，首先他们依靠自然的生存形式，使得他们相信万物有灵，死亡之时只是神灵把你在人间的灵魂带走，所以他们在清朝时期还保留树葬的习俗。萨满是在这三个民族中不可或缺的存在，调研中发现他们依然相信萨满。

（四）语言

鄂伦春族、鄂温克族和赫哲族这三个民族的语言都属于阿尔泰语系，没有文字但民族口头文学非常成熟，例如赫哲族著名的史诗体裁——"伊玛堪"，小兴安岭地区的鄂伦春族的史诗体裁——"摩苏昆"等。赫哲族和鄂伦春族均有史诗，且多达数十部，为我们研究了解他们提供了史学以及文学资料，同时从文化旅游资源开发角度，我们也感叹于鄂温克族、鄂伦春族、赫哲族这些渔猎民族有待开发的旅游资源的丰富性。

（五）社会影响因素

社会因素主要通过政府扶持、当地居民支持和企业扩张等社会主体的相互作用，共同推动旅游地文化的变迁，该维度为文化变迁的外生动力。包括地方政策的扶持，当地居民的体育旅游开发参与程度，旅游企业的旅游产品设计、消费引导，与当地传统观念、文化心态融合等诸多方面。

（六）市场影响因素

市场因素主要从需求和供给两个维度推动旅游地文化的变迁。从需求角度来看，现代游客体验意识的增强，使得精神消费和文化消费意识增强，成为文化转变的内生动力。80后与90后依然是文化消费的主力军。从供给角度看，关东地区的文化投入不足，体育旅游市场特别是文旅市场是长线投入，长远回报，市场需要经典作品、创意作品，需要精细打造，现阶段民族区域只有开江节活动，并没有明确的文化创新主导。

（七）资本影响因素

资本因素是文化变迁的外在动力。体育旅游投资仅占旅游行业内投资的5%，魏小安提出"旅游发展不需要巨额投资，但是需要精细化。旅游市场不需要野蛮人，但是需要专业人"的观点。资本投入的确是产业的基础，同时投资方向多元化、长效化、精准化也使投资难度加大。关东地区投资力度一直落后，不是投资过剩而是投资紧缩，特别是民族区域尤为明显。民族区域其实大部分是国家扶贫地域，开发体育旅游项目可以对当地精准扶贫做出贡献。

二、少数民族旅游文化变迁的动力模式

结合文化变迁理论对民族区域做出分析后发现，开发体育旅游项目对当地文化变迁影响巨大，研究者遂提出了文化变迁的动力模式。各民族有诉说与诠释自我的强烈渴望，他们自主设立了民族展示区，所以原有变迁模式四种情景都有所涉猎，包括创新融合、异化、同化、消亡。体育旅游的加入是把传承落地，把开发时效落地。所以同化与消亡不是开发的目的，我们希望留住本真的民族性，再加入新科技、新技术，通过技术创新，实现文化传承，所以本节提出的是融通，融会贯通加之民族与民族的沟通，在融通的过程中，自主地摒弃不需要的发展，提升本民族的民族性。对于少数民族问题不能用力过猛，应该"道法自然"，少数民族生命体系存在艰难，保护过多会被同化或异化，不保护一定会被新文化取代，试想现在关东地区少数民族的80后、90后也不会说本民族语言了，在发展中可以更加强化他们的民族自豪感与归属感，文化变的是技术而不是"人心"。北部疆域具备融通的大环境，自明代就是民族融合、国家融合的典范。

以上为传统的涵化模式,在研究中国少数民族文化变迁问题时应该以增强民族自豪感为主,体育旅游就可以在此过程中起到过渡的作用,以此保留与保存少数民族文化体系,所以提出全新的涵化模式为:

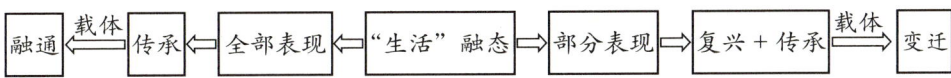

三、少数民族区域发展体育旅游构想

在分析体育旅游开发对当地的影响后,结合国家大力发展的体育旅游,有以下未来开发构想,首先阐述少数民族文化保护问题,再提出相关体育旅游发展建议措施。

(一)空间维度下民族文化保护与开发

1. 少数民族文化保护与旅游开发

在开发体育旅游项目之前,必须将少数民族文化保护问题上升到被国家重视的文化战略层面。在调研中发现,中国传统村落在逐渐消亡,村落不仅是人类活动的承载地,也是文化的空间聚集地与保护地。汉民族文化源远流长,保护工作尚如此之难,少数民族作为弱势力量更需要宏观规划。从旅游空间概念来讨论此问题,空间承载意义重大，关东少数民族都有依据生活习性的空间活动范围，白山黑水养育着他们，他们对地域的感情深厚。

20世纪末学者陆续提出了诸多民族文化保护与旅游开发的模式，其中吴必虎、余青提倡引入生态博物馆的模式，即将整个社区作为一种开放的博物馆，对社区的自然遗产、文化遗产进行整体保护，以各种方式记载、保护和传播社区的文化精华，并推动社区向前发展；为推进自然遗产、文化遗产进行整体保护，2016年年底启动"传统村落保护工作"，并于2017年年底梳理完成中国区域传统村落整理的工作，关东地区传统村落整理就是按照民族类型进行的。马晓京针对"生态博物馆"的模式，提出了"建立民族生态旅游村"的构想及小规模发展、游客限制、局部开发的原则等试图解决民族地开发问题，这些构想都是建立在空间的概念中。美国社会人类学家马康纳将社会学家戈夫曼的"拟剧论"大胆地演绎到研究旅游活动及研究旅游与"现代性"关系，并提出"前台、后台"的理论。此理论认为在旅游开发中，由于东道主将他们的文化（包括他们自己）当作旅游商品展示给游客，从而导致东道主社会生活是"舞台化""快餐式"。"前台"与"后台"是一种以某一地点的社会表演和社会角色为基础的社会整体。游客希望了解参观地人们的真实生活，或至少看到真实的生活方式，但是并非所有的游客都会接触到"后台"，也并非所有的游客都有机会观察到"后台"的东西。可以看到国内外都会从空间概念去讨论民族文化保护问题，从空间讨论是可行的，建议体育旅游文化空间化，可以呈现"前台"与"后台"的空间化，"前台"为体育旅游产品展示，而"后台"为真实的少数民族生活状态。

2. 文化体验的"莫日根"式真实感

文化体验真实性是旅游开发的必要点，真实性是旅游人类学热烈讨论的课题，一般来说它有三个指向性：第一，按照现代主义范式，真实性指的是某种真实、原初、实际等。第二，按照后现代主义，它是想象物，因为其中没有我们能够相信的确认真实或确切现象。我们最多也就是解构主体观念中设想的真实体验，来表明真实的存在最终符合谁的利益。第三，建构主义方法对真实性强调概念的主观性特征。事件真实感根据社会环境和事件经历者发生相应变化。

事实上在开发民族地旅游资源时，我们应该思考的一个问题就是如何保留原真性。游客与当地居民沟通交流有一个过程，从好至坏分为四个阶段：合作共享——和平共处——冲突意向——冲突发生，避免冲突发生事实上就是"不打扰""尊重差异"的过程，这样才能保留住民族文化本真。

由于少数民族与汉族的生产生活方式不尽相同，民族文化特色较为明显。例如北方游牧习性促使了蒙古族的马术运动、达斡尔族的曲棍球、塔塔尔族的马球被列为国家级非物质文化遗产。在国家级非物质文化遗产名录中传统体育运动项目共 82 项，其中少数民族传统体育运动项目有 17 项。这些体育运动就是在传递民族的精神、民族的自尊心。在调研中，鄂伦春族的精神人物"莫日根"经常被提起，他是能征善战的英雄，是体格强健的男子，是鄂伦春族女性崇拜的"男神"，是产生民族凝聚力的精神人物，也是即将消失的民族特性中永远被传承不会被忘怀的人。所以，从后现代旅游发展角度来讲体育可以表现一个民族也可以产生"莫日根"效应，我们提倡这种"莫日根"的真实感,他不应该被遗忘,也将永远流传,并具备传播性,易于被接受。

(二)休闲体育旅游的创新模式

1. "道法自然"的民族区域休闲体育旅游开发

鄂伦春族萨满关扣尼老人在世时,旅游行为让越来越多的人了解她,但带来的后果是她成为一个"景点",这严重打扰或者亵渎了萨满教存在的意义。大家都希望看她"跳大神",但事实上老人说她不愿意做这事,但大家都想看她表演,有时她也很无奈。

少数民族区域旅游开发存在很多类似的问题,在少数民族区域开发时,应该"道法自然",在不要过多地干预少数民族的生产生活的基础上进行开发,体育休闲旅游就是在进行体育健康运动的同时让游客体验到当地的风土人情,只要表现形式得当就可以更好地保留当地的"原汁原味"。

2. 少数民族区域休闲体育旅游开发路径

在保留"原汁原味"的民族文化基础上,我们依据关东自然区域特点开发相关的旅游产品。首先,大力倡导开发徒步旅游线路,大、小兴安岭地区有极好的发展徒步旅游的自然条件,只需要在硬件安全措施上下力度安排筹划相关配套条件,例如徒步线路设计,游客徒步供给场所,安全设施如GPS定位设备等。其次,建议设立露营地或者当地开设民宿,配合当地景区建立民族特色小镇。只需要在当地配备民宿管理机构提供管理支持等服务。露营地场所也需要开发,打破露营地传统的概念,搭建有品牌效力的露营场所。中国露营旅游作为体育旅游的组成部分，在2020年行业市场规模可达到万亿级，然而露营旅游投资发展是离不开地方品牌良好建立的。海南博鳌旅游商圈的建立已经成为地方品牌促进露营旅游发展极好的范例，中国旅游资源的丰富性、经济的良好开放性都是发展地方品牌的有力保障，而地方品牌的建立又是我国露营旅游发展的必要条件，所以建立地方优良品牌至关重要。最后，结合现有节庆活动大力发展体育旅游。现阶段关东少数民族区域没有整合现有的民族特色体育活动，游客们也不了解少数民族生活情况，结合少数民族生活习惯保留一批体育项目、大力宣传一些体育项目是可行的，这需要体育工作者与旅游开发者大力配合，从倡导体育旅游的层面发展当地经济，保护少数民族文化传统。

2016年，国务院办公厅发布《关于进一步扩大旅游文化体育健康养老教育培训等领域消费的意见》明确发展指导方向以来，体育旅游伴随着人均国内生产总值的提高而逐渐升温。在经济快速发展的中国，体育旅游关键在于使游客的体验升级，从而提高游客的幸福指数。从少数民族地域的民族文化保护与发展角度入手，结合特色民族资源遗存保护问题进行分析，从白山黑水间的渔猎民族到游牧民族，少数民族神秘而开放的情怀、与自然和谐共处的生活意境，是中华文明共融性的有力写照。他们不应该在未来只是浪漫而诗意的口述文学作品，我们应该意识到保护民族文化遗产的重要性，意识到应该重拾少数民族的传统文化碎片，在此过程中体育旅游一定能发挥很大的承载作用，它既是现代文明下人民的绿色生态的载体，同时也加深了56个民族的认知，又体现了少数民族的多元色彩。运用人类学文化变迁理论进行分析，讨论未来少数民族区域发展体育旅游的可能性并解决挖掘关东民族文化的现实前景等问题。

参考文献
REFERENCES

[1] 李治亭. 关东文化大辞典 [M]. 沈阳：辽宁教育出版社，1993.
[2] 傅仁义，许玉林，高青山，等. 东北古文化 [M]. 沈阳：春风文艺出版社，1992.
[3] 安金槐. 中国考古 [M]. 上海：上海古籍出版社，1992.
[4] 施立学，曹保明. 吉林民俗 [M]. 兰州：甘肃人民出版社，2004.
[5] 王景和. 古村掠影：中国的村落与民居 [M]. 北京：新华出版社，2015.
[6] 张博泉，魏存成. 东北古代民族·考古与疆域 [M]. 长春：吉林大学出版社，1998.
[7] 王广义. 近代中国东北乡村社会研究：1840—1931[M]. 北京：光明日报出版社，2010.
[8] 孙进己. 东北各民族文化交流史 [M]. 沈阳：春风文艺出版社，1992.
[9] 杨兆麟. 原始物象：村寨的守护和祈愿 [M]. 昆明：云南教育出版社，2000.
[10] 刘沛林. 古村落：和谐的人聚空间 [M]. 上海：上海三联书店，1997.
[11] 刘沛林. 中国古村落之旅 [M]. 长沙：湖南大学出版社，2007.
[12] 赫特纳. 地理学：它的历史、性质和方法 [M]. 北京：商务印书馆，1986.
[13] 中国科学院《中国自然地理》编辑委员会. 中国自然地理·总论 [M]. 北京：科学出版社，1985.
[14] 杨载田. 中国旅游地理 [M]. 北京：科学出版社，2004.
[15] 李旭旦. 人文地理学 [M]. 北京：中国大百科全书出版社，1984.
[16] 王恩涌. 文化地理学导论：人·地·文化 [M]. 北京：高等教育出版社，1991.
[17] 司徒尚纪. 广东文化地理 [M]. 广州：广东人民出版社，1993.
[18] 李孝聪. 中国区域历史地理 [M]. 北京：北京大学出版社，2004.
[19] 沈一民，张帅. 站在祖国的最东端：黑龙江省抚远县通江乡小河子村调查报告 [M]. 北京：社会科学文献出版社，2018.
[20] 魏影. 界江边上小山村：黑龙江省大兴安岭地区呼玛县鸥浦乡鸥浦村调查报告 [M]. 北京：社会科学文献出版社，2018.
[21] 米大伟. 东北历史：黑、吉、辽及东蒙通览 [M]. 哈尔滨：黑龙江人民出版社，2009.
[22] 刘沛林. 家园的景观与基因：传统聚落景观基因图谱的深层解读 [M]. 北京：商务印书馆，2014.
[23] 周振鹤. 中国历史文化区域研究 [M]. 上海：复旦大学出版社，1997.
[24] 迟子建. 额尔古纳河右岸 [M]. 北京：北京十月文艺出版社，2006.
[25] 潘春良，艾书琴. 多维视野中的黑龙江流域文明 [M]. 哈尔滨：黑龙江人民出版社，2006.
[26] 王巍. 中国考古学大辞典 [M]. 上海：上海辞书出版社，2014.
[27] 王锦厚. 秦汉东北史 [M]. 沈阳：辽宁人民出版社，1994.
[28] 龚义昌. 锡伯族姓氏考 [M]. 乌鲁木齐：新疆人民出版社，2002.
[29] 张晓琼，何晓芳. 满族：辽宁新宾县腰站村调查 [M]. 昆明：云南大学出版社，2004.
[30] 王皎，江帆. 锡伯族：辽宁沈阳市新民村调查 [M]. 昆明：云南大学出版社，2004.
[31] 瞿健文，崔明龙. 朝鲜族：吉林磐石市烧锅朝鲜族村调查 [M]. 昆明：云南大学出版社，2004.

[32] 郭建斌, 韩有峰. 鄂伦春族：黑龙江黑河市新生村调查[M]. 昆明：云南大学出版社, 2004.
[33] 毛艳, 毅松. 达斡尔族：内蒙古莫力达瓦旗哈力村调查[M]. 昆明：云南大学出版社, 2004.
[34] 赵荣光. 中国饮食文化史·东北地区卷[M]. 北京：中国轻工业出版社, 2013.
[35] 钟廷雄. 国家级少数民族非物质文化遗产集解[M]. 北京：中央民族大学出版社, 2014.
[36] 魏影, 王晓琳. 走进北方家园：李花站村纪行[M]. 哈尔滨：黑龙江大学出版社, 2010.
[37] 魏影. 山村那边是界江：三合村纪行[M]. 哈尔滨：黑龙江大学出版社, 2009.
[38] ANDRIOTIS, KONSTANTINOS.Strategies on resort areas and their lifecycle stages[J].Tourism review, 2001, 56（1/2）：40-43.
[39] COLE S, COLE S, RAZAK V. Beyond the resort life cycle: the micro-dynamics of destination tourism[J].Journal of regional analysis & policy, 2007, 37（3）：266-278.
[40] REISINGER Y, STEINER C J.Reconceptualizing object anthenticity[J].Annals of tourism research, 2006, 33（1）：65-86.
[41] 李大智, 王庆丰, 姜洋. 辽宁传统古村落的保护与发展：以朝阳市朝阳县唐杖子村八盘沟为例[J]. 青春岁月, 2017（12）：370-371.
[42] 韦宝畏. 从地域文化演进看东北民居建筑文化的变迁[J]. 兰台世界, 2015（9）：22-23.
[43] 牛笑. 从类型学的角度看东北民居的发展[J]. 辽宁工业大学学报（自然科学版）, 2012（1）：46-48.
[44] 蓝勇. 对中国历史文化地理研究的思考[J]. 学术研究, 2002（1）：87-90.
[45] 濮静娟, 朱晔. 我国大陆地区旅游季节气候分区初探[J]. 旅游论丛, 1987.
[46] 王汉祥, 王美萃, 赵海东. 民族与旅游：一个历史性发展悖论？[J]. 内蒙古社会科学（汉文版）, 2017（4）：190-198.
[47] 蔡仁杰. 海南岛国际旅游岛生态体育旅游模式[J]. 辽宁师范大学学报（自然科学版）, 2010（2）：252-254.
[48] 金银日. 体育旅游研究范畴的西方文献考[J]. 上海体育学院学报, 2010（6）：27-29, 33.
[49] 杨强. 中国体育旅游研究20年：述评与展望[J]. 中国体育科技, 2011（5）：90-100, 115.
[50] 刘沛林. 古村落文化景观的基因表达与景观识别[J]. 衡阳示范学院学报（社会科学版）, 2003（4）：1-8.
[51] 刘沛林. "景观信息链"理论及其在文化旅游地规划中的运用[J]. 经济地理, 2008（6）：1035-1039.
[52] 吴必虎, 余青. 中国民族文化旅游开发研究综述[J]. 民族研究, 2000（4）：85-94, 110.
[53] 马晓京. 民族生态旅游：保护性开发民族旅游的有效模式[J]. 人文地理, 2003（3）：56-59.
[54] 徐坚, 唐富茜, 杨敏艳. 云南同乐村村落环境及格局特征分析[J]. 西部人居环境学刊, 2015（6）：87-91.
[55] 马晓, 周学鹰. 兼收并蓄 融贯中西：活化的历史文化遗产之一·翁丁村大寨与白川村荻町[J]. 建筑与文化, 2013（12）：138-143.
[56] 俞孔坚, 王思思, 李迪华, 等. 北京市生态安全格局及城市增长预景[J]. 生态学报, 2009（3）：1189-1204.
[57] 刘洋, 蒙吉军, 朱利凯. 区域生态安全格局研究进展[J]. 生态学报, 2010（24）：6980-6989.
[58] 王勇, 鄢铁平, 刘岩松.GIS在水土保持规划设计中的应用[J]. 中国水土保持, 2005（10）.
[59] 黄翅勤, 彭惠军, 梅佳. 基于PSR模型的传统村落旅游地生态安全调控研究：以湖南省衡阳市中田村为例[J]. 市场论坛, 2015（5）：79-81.
[60] 佟玉权. 基于GIS的中国传统村落空间分异研究[J]. 人文地理, 2014（4）：44-51.
[61] 孔亚暐, 张建华, 赵斌, 等. 新型城镇化背景下的传统农村空间格局研究：以北方地区泉水村落为例[J]. 城市发展研究, 2015（2）：44-51.
[62] 黄亮, 陆林, 丁雨莲. 少数民族村寨的旅游发展模式研究：以西双版纳傣族园为例[J]. 旅游学刊, 2006（5）：53-56.

[63] 王星宇，张利苹，杜婉秋，等.乡村旅游目的地品牌建设与管理[J].城市建筑，2017（8）：327，329.
[64] 韦俊峰，吴忠军."隐性介体"视野下的旅游地空间生产与形象建构话语：以龙胜金坑大寨红瑶梯田为例[J].人文地理，2015（6）：153-159.
[65] 杨春宇.旅游地阶段预测模型构建及实证研究[J].资源科学，2009（6）：1015-1021.
[66] 邹统钎.中国乡村旅游发展模式研究：成都农家乐与北京民俗村的比较与对策分析[J].旅游学刊，2005（3）：63-68.
[67] 张骁鸣，保继刚.旅游发展与乡村变迁："起点—动力"假说[J].旅游学刊，2009（6）：19-24.
[68] 周玲强，黄祖辉.我国乡村旅游可持续发展问题与对策研究[J].经济地理，2004（4）：572-576.
[69] 韩光明.浅谈赫哲族的渔业民俗[J].黑龙江民族丛刊，2012（5）：140-143.
[70] 苏光宇."闯关东"之东北移民及其文化初探[D].山东：山东大学，2010.
[71] 马志坤.中国北方粟作农业形成过程[D].北京：中国科学院大学，2014.
[72] 黄厅.多中心治理视角下的农村防灾减灾组织研究：以湖南省中部山区农村为例[D].南京：南京农业大学，2010.
[73] 邓龙.传统乡村聚落生态安全格局构建研究：以北京市延庆县石峡村为例[D].北京：北京建筑大学，2015.
[74] 曹梦华.黑河市爱辉区新生鄂伦春族乡特色村建设研究[D].北京：中央民族大学，2017.

附录：关东传统村落名单

表 7-1　关东传统村落黑龙江部分

序号	批次	名称
1	第一批 （2012-12-17）	齐齐哈尔市富裕县友谊达斡尔族满族柯尔克孜族乡宁年村富宁屯
2		齐齐哈尔市富裕县友谊达斡尔族满族柯尔克孜族乡三家子村
3	第二批 （2013-08-26）	黑河市爱辉区新生乡新生村
4	第三批 （2014-11-17）	哈尔滨市尚志市一面坡镇镇北村
5		牡丹江市宁安市渤海镇江西村
6	第四批 （2016-12-09）	齐齐哈尔市讷河市兴旺鄂温克族乡索伦村
7	第五批 （2019-06-06）	齐齐哈尔市讷河市兴旺鄂温克族乡百路村
8		大庆市杜尔伯特蒙古族自治县胡吉吐莫镇东吐莫村
9		伊春市嘉荫县乌拉嘎镇胜利村
10		伊春市嘉荫县常胜乡桦树林子村
11		佳木斯市同江市街津口乡街津口村
12		牡丹江市海林市横道河子镇顺桥村
13		黑河市爱辉区瑷珲镇瑷珲村
14		黑河市爱辉区坤河乡坤河村

表 7-2　关东传统村落吉林部分

序号	批次	名称
1	第二批 （2013-08-26）	通化市通化县东来乡鹿圈子村
2		白山市抚松县漫江镇锦江木屋村
3	第三批 （2014-11-17）	白山市临江市六道沟镇三道阳岔村
4		白山市临江市花山镇珍珠村松岭屯
5		延边朝鲜族自治州图们市月晴镇白龙村
6		延边朝鲜族自治州图们市石岘镇水南村

续表

序号	批次	名称
7	第四批 （2016-12-09）	吉林市蛟河市漂河镇富江村
8		白山市临江市六道沟镇夹皮沟村
9		延边朝鲜族自治州敦化市大蒲柴河镇大蒲柴河村
10	第五批 （2019-06-06）	白山市临江市桦树镇西小山村转头山屯
11		白山市临江市六道沟镇火绒沟村

表7-3 关东传统村落辽宁部分

序号	批次	名称
1	第三批 （2014-11-17）	抚顺市新宾满族自治县永陵镇赫图阿拉村
2		抚顺市新宾满族自治县上夹河镇腰站村
3		阜新市阜新蒙古族自治县佛寺镇佛寺村
4		朝阳市朝阳县柳城镇西大杖子村
5		朝阳市朝阳县西五家子乡三道沟村
6		朝阳市朝阳县北四家子乡唐杖子村八盘沟
7		葫芦岛市绥中县永安乡西沟村
8		葫芦岛市绥中县李家堡乡新堡子村
9		锦州市北镇市富屯街道龙岗子村
10		锦州市北镇市富屯街道石佛村
11		锦州市北镇市大市镇华山村
12	第四批 （2016-12-09）	朝阳市朝阳县羊山镇肖家店村
13		朝阳市朝阳县胜利镇三家村
14		朝阳市北票市下府开发区三府村
15		朝阳市凌源市三十家子镇裂山梁村
16		朝阳市凌源市沟门子镇二安沟村
17		葫芦岛市连山区塔山乡盘道沟村
18	第五批 （2019-06-06）	沈阳市沈北新区石佛寺街道石佛一村
19		沈阳市沈北新区石佛寺街道石佛寺二村
20		沈阳市法库县叶茂台镇叶茂台村
21		沈阳市法库县四家子蒙古族乡公主陵村

续表

序号	批次	名称
22	第五批 （2019-06-06）	鞍山市岫岩满族自治县石庙子镇丁字峪村
23		朝阳市朝阳县西五家子乡新地村
24		朝阳市喀喇沁左翼蒙古族自治县南哨街道白音爱里村
25		朝阳市北票市大板镇金岭寺村
26		朝阳市北票市大板镇波台沟村
27		朝阳市北票市上园镇三巨兴村
28		朝阳市凌源市四官营子镇小窝铺村
29		朝阳市凌源市乌兰白镇十二官营子村
30		葫芦岛市绥中县加碑岩乡王家店村

注：本附录根据住房城乡建设部、文化部（现文化和旅游部）、财政部等政府部门公布的五批中国传统村落名录（2012—2019）整理而得。

后记

AFTERWORD

中国传统村落作为中华文化遗产的重要载体，承载着中华民族的历史记忆，是人类农耕文明的重要见证，也是中华民族认同的根源，具有重要的文化价值、生态价值和经济价值。但在快速城镇化、现代化的冲击下，中国传统村落正在面临生存的挑战。传统村落的消失不仅意味着村落建筑的消亡，更意味着传统村落所蕴含的文化价值的消亡。近几十年来，随着经济的大发展以及城镇化的推进，大量青壮年走出乡村，定居城市，传统村落面临着"空心化"的窘境。如今，国家已经充分意识到传统村落保护的重要性，采取了一系列的保护措施。

"中国传统村落文化抢救与研究"系列丛书于 2016 年入选了"十三五"出版规划。本套丛书从文化区、物质文化、非物质文化三个方面全方位阐释中国传统村落文化。其第一辑文化区系列于 2020 年付梓，项目从策划到出版历时近 5 年。

一本书的诞生，包含着主编、编写者、编辑、校对、审读专家等众多参与者的心血。为了保证图书的如期出版，每个人都奉献和付出了许多。

感谢每一位编写者的勤勉，在繁重的教学和科研任务压力之下，他们利用每一个休息的空隙，孜孜不倦地书写着中国传统村落的过去、现在和未来，用朴实真挚的文字记录着村落的每一次成长与新生。

本书还配有大量精美图片帮助读者解读内容，但由于信息的更迭和转换，仍然有个别图片找不到原始版权的所有人。希望读到这本书，或者通过其他途径获取到这个信息的版权人，发送邮件至459202365@qq.com，主动与我们取得联系，我们感谢您的理解和支持。

我们本着保护和弘扬村落文化的初心，试图对中国传统村落进行一次科学的梳理、抢救性记录和提出保护建议，通过深度挖掘传统村落的价值，重新唤起社会关注，重振乡居生活方式。让越来越多的人通过阅读，了解传统村落文化的美好与珍贵，从而加入到保护者的行列。

2020年，突如其来的新冠肺炎疫情打乱了每个人的生活工作节奏，但是大家克服了自身的困难和心里的不安，携手走到了最后。再次感谢参与这套丛书出版的每一个人，大家的努力与付出，才促成了图书的成功付梓。我们撒下关爱村落的种子，期待在不久的未来它将长成参天大树，将传统村落文化扎根于每一位读者心间，愿这套丛书为传统村落文化的传承贡献一份微薄的力量。

丛书编委会

2020年12月